中国石化销售企业
品牌合作站现场管理手册

中国石化销售股份有限公司　著

中国石化出版社
·北京·

图书在版编目（CIP）数据

中国石化销售企业品牌合作站现场管理手册 / 中国石化销售股份有限公司著. —北京：中国石化出版社，2025.5. — ISBN 978-7-5114-7942-6

Ⅰ. F426.22-62

中国国家版本馆 CIP 数据核字第 2025L29M80 号

中国石化出版社出版发行

地址：北京市东城区安定门外大街 58 号

邮编：100011　电话：（010）57512500

发行部电话：（010）57512575

http：//www. sinopec-press. com

E-mail：press@ sinopec. com

北京科信印刷有限公司印刷

全国各地新华书店经销

*

787 毫米 ×1092 毫米 16 开本 14.25 印张 270 千字

2025 年 5 月第 1 版　2025 年 5 月第 1 次印刷

定价：68.00 元

撰写委员会

主　任： 李玉杏　韩雪岭

副主任： 刘志华　阚　筇　刘迎新　王　欣

撰稿人： 谢慧生　周　凯　王永杰

编　委： 黄志阳　阳仕舟　陈　华　宋玉江　陈　莉

范亚敏　高　鹏　项　思　樊红胜　邱少娟

吴钰辰　林鼎森　徐辉平　陈　亮

序言

PREFACE

为贯彻落实习近平总书记重要批示精神，部署全面摸排中央企业授权加盟经营风险和规范授权加盟经营监管，中国石化销售股份有限公司精心组织编撰《中国石化销售企业品牌合作站现场管理手册》（以下简称《手册》），旨在构建科学完备的授权加盟管理体系，推动品牌合作站高质量发展。

《手册》严格依据国务院国资委《关于规范中央企业授权加盟经营管理有关事项的通知》精神，确立“三必须”“五统一”核心原则，系统构建了涵盖总体要求、员工管理、形象管理、服务管理、数质量管理、设备管理、HSE 管理、经营管理、支付管理九大领域的标准化管理框架。通过事前准入审查、事中动态监督、事后评估改进的全周期管控模式，全面梳理品牌合作站运营规范，确保管理要求刚性落地。

作为中国石化品牌赋能战略的核心载体，《手册》采用图文并茂的编撰形式，兼具专业性与实用性，既是品牌合作站规范运营的操作指南，也是品牌合作站员工标准化作业的权威蓝本。其构建的系统性管理框架，不仅为国内授权加盟业务提供标准化范式，更彰显中国石化在品牌输出与管理赋能领域的央企担当，有效平衡商业扩张与品牌保护的辩证关系。

各销售企业应切实提高政治站位，深入贯彻习近平总书记重要指示精神，精准把握国资委监管要求，统筹发展与安全两件大事。以《手册》发布为契机，加快建立完善的品牌合作站管理体系，通过品牌授权、人员赋能、标准输出及数字化管控等多维手段，实现从网络扩张到价值创造的转型升级，确保中国石化品牌形象在授权体系中始终坚如磐石。

目录

CONTENTS

第 5 章　数质量管理

第 6 章　设备管理

第 7 章　HSE 管理

第 8 章　经营管理

第 9 章 支付管理

附 件

第 1 章

总体要求

服务承诺

计量准确、质量合格、环境整洁、安全快捷

责任口号

每一滴油都是承诺

HSE 愿景目标

零伤害、零污染、零事故

HSE 方针

以人为本、安全第一、预防为主、综合治理

“三必须”

所有加注机必须卡机联动，不得脱机或非卡销售

重点区域必须视频监控全覆盖，且联网接入中国石化平台

液位仪必须联网接入中国石化平台

“五统一”

统一形象标识、统一服务标准、统一管理标准、

统一油气进货、统一营销组织

合规运营

依法合规、严格履约、接受监督、闭环整改

1.1 中国石化品牌合作站现场管理禁令

品牌合作方违反现场管理禁令的行为（包括但不限于）：

（1）擅自转让合作授权或以中国石化名义开展合同约定以外的业务；擅自在授权范围外使用“中国石化”系列商标。

（2）发生 HSE、数质量、重大负面舆情及其他严重损害中国石化品牌形象或利益的事故事件。

（3）发生预收款、洗钱、涉诈、非法集资、偷税漏税或其他违法、违规、失信等行为。

（4）违反合同约定私自进货、置换油品或天然气。

（5）销售质量不合格的油品或天然气。

（6）破坏加注机铅封、加注机作弊、擅自调整加注枪精度。

（7）擅自对管控、视频监控、液位仪等系统或设备进行关机、断网、调整参数、删除或修改数据等操作。

（8）擅自开展线上或线下营销活动；违价、脱机或非卡销售油品或天然气。

（9）组织、纵容、胁迫、唆使员工及他人违反现场管理禁令；单次检查被发现站内超过半数员工违反现场管理禁令，未按规定对违反现场管理禁令的员工作辞退处理。

（10）阻碍、干预或拒绝中国石化的正常监督、检查；拒绝或未及时对 HSE、数质量、设备设施、财务税务等风险隐患进行整改 2 次以上。

1.2 清退机制

（1）在合作期间，品牌合作站必须接受和配合中国石化的监督管理。中国石化对品牌合作站的经营效益、合规管理、品牌形象、服务水平、现场管理等方面进行综合考评，作为后续是否合作的重要依据。

（2）对发生违反现场管理禁令行为或其他严重损害中国石化品牌形象和利益行为的品牌合作站，及时清退并实行禁入限制。

（3）对触发解约条款的品牌合作站，按照合同约定及时启动清退程序，优先清除所有线下和线上的中国石化商标、标识。

第 2 章

员工管理

2.1 岗位设置及职责

2.1.1 岗位设置

除中国石化派驻的品牌管理专员外，品牌合作站根据实际情况，可设置站经理、领班（主管）、营业员等岗位。根据岗位职责、排班方式、营业时间、自助服务等情况，因“站”制宜，一人多岗，一岗多能。

2.1.2 岗位职责

2.1.2.1 站经理

（1）站经理负责领导全站员工开展各项经营管理和客户服务工作。

（2）分解落实各项经营指标，组织好油、气的进销存工作。

（3）严格执行资金票证管理制度，规范经营行为；加强加油卡和电子钱包等支付方式管理，开展异常交易排查和经营纪律宣贯。

（4）严控数质量管理关键环节，规范作业行为，严把质量关，合理控制损耗，妥善处理数质量纠纷。

（5）落实 HSE 管理体系要求，开展安全环保教育、应急预案演练、风险隐患排查，实现安全运营。

（6）管好站内设备设施，组织做好维护、保养、检维修，使之处于良好运行状态。

（7）熟悉各项经营管理环节和操作规程，合理调配人力，指导、检查、督促各岗位员工的工作，定时或不定时进行全面巡检，做好现场管理工作。

（8）负责站内员工思想教育，带领全体员工遵章守纪，公开、公正、公平实施考核分配，正面激励、引导员工向上发展。

（9）参与加能、进货、接卸等工作。

（10）在品牌合作方授权范围内，处理站内外日常事务，遇有重大事项及时上报并协同处置。

（11）做好品牌合作方交办的其他工作。

2.1.2.2 领班（主管）

（1）组织本班员工开展经营、管理和服务工作。

（2）做好交接班工作，组织班前会，部署当班工作任务和服务要求。

（3）组织好对主要设备的巡查和保养工作。

（4）负责当班账表册审核、营业款清点及缴存。

（5）参与加能服务和当班接卸等工作。

（6）落实安全环保制度，协助站经理对本班员工进行安全环保教育，开展应急预案演练，及时、妥善处理突发事件。

（7）协助站经理做好品牌合作站其他工作。

2.1.2.3 营业员

（1）主动、热情、规范地为客户提供加能、开票等服务。

（2）掌握所经营商品基础知识、营销政策及信息系统操作，了解设备基本原理和操作技能。

（3）熟悉作业现场安全操作规范，负责工作场所安全监督管理，发现不安全因素和行为及时阻止和汇报，能熟练使用消防器材并会扑救初期火灾。

（4）做好交接班工作，所收现金、支票、票证等如数交清，手续完备、登记准确及时。

（5）做好工作环境及设备设施的卫生管理。

（6）完成站经理交办的其他事项。

2.1.2.4 品牌管理专员

（1）负责协助品牌合作站落实中国石化的相关管理制度和规范。

（2）负责对管控、视频监控、液位仪等信息系统运行情况进行监督。

（3）负责市场调研，掌握品牌合作站销售价格、营销信息和客户信息。

（4）负责品牌合作站数质量监督管理，通过现场监督或视频回放，监管品牌合作站所有的进货和接卸；核验加注机铅封和精度，防范加注机作弊；监管油罐水高计量和排水。

（5）及时向中国石化汇报品牌合作站及员工违反现场管理禁令的行为，并监督处理情况。

（6）协助品牌合作站做好员工培训等其他工作。

2.1.3 培训管理

2.1.3.1 新员工岗前培训

学习各项规章制度、行为规范、岗位操作规程等内容，熟练掌握“四懂四会”等应知应会内容，经教育培训合格后上岗。

2.1.3.2 在岗员工培训

通过班前会、站务会、师带徒等方式，学习规章制度、业务知识、会议精神、案例分析、操作技能等，持续提升员工的综合能力。

2.2 社会保障

品牌合作站应为员工依法缴纳社会保险，确保每位员工都能享受应有的社会保障待遇。

2.3 中国石化品牌合作站员工现场管理禁令

品牌合作站员工违反现场管理禁令的行为（包括但不限于）:

（1）自行或伙同他人使用品牌合作站支付方式，套取现金、优惠、发票、差价、积分等。

（2）连码加油克扣客户；在经营中索贿、受贿或收受好处；违价销售、强制搭售。

（3）虚开、代开、转借、转让、倒卖发票，拒绝为客户正常开具消费发票。

（4）私自翻拍、拷贝、传播、转发品牌合作站视频监控录像、中国石化内部资料或数据。

（5）在站内吸烟、使用明火或饮酒；直接向绝缘容器加注汽油，违规销售散装汽油；擅自停用环保设备，违规处置危险废物。

（6）未经授权擅自接受涉及中国石化业务和相关内容的媒体采访；散布与中国石化有关的不实言论；个人违规言行被县级及以上新闻媒体曝光。

注：对违反以上禁令的员工，品牌合作方应立即予以辞退。

第3章

形象管理

3.1 形象管理概述

（1）各区域卫生环境做到整齐干净、简洁明亮，设备设施完好，工具摆放有序，不堆放杂物，室内通风无异味。

（2）由品牌合作站自行维护的项目，须做好相应个体防护，由专业人员维护的项目，须按要求落实相关安全管理规定。

（3）配备基本的保洁工具。各区域的视觉效果和清洁保养具体要求详见附件 1“加能站清洁保养操作手册”。

图 3.1　加能站整体形象

3.2 环境形象

3.2.1 加注区

3.2.1.1 加注机

（1）加注机主要包括加油机、CNG 加气机、LNG 加液机等。

（2）外观整洁，无污渍、无锈迹、无胶痕、无褪色、无破损、无渗漏；加油枪枪套颜色符合要求；加注机顶部不放置杂物。

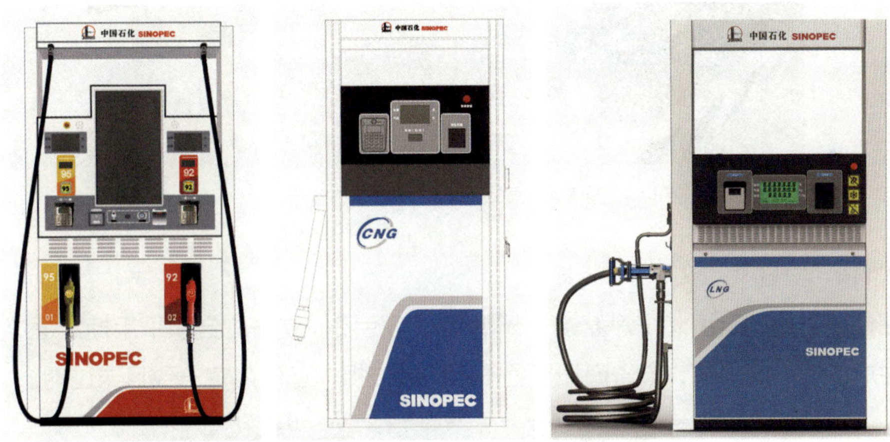

图 3.2 加油机、CNG 加气机、LNG 加液机

3.2.1.2 服务箱、防撞柱

服务箱应放置在泵岛平面上，带广告的服务箱需放置于主入口与立柱或加注设备紧邻处，广告面朝主入口方向。服务箱上不得放置任何杂物。服务箱和防撞柱保持清洁，无积尘、无污渍、无褪色、无变形，变形不可修复的应及时换新。

图 3.3　防撞柱、服务箱无褪色、无变形

3.2.1.3　泵岛、加注场地

泵岛及加注场地干净整洁，无破损、无污渍。泵岛不锈钢围边无锈蚀、无变形，除灭火器外不可堆放杂物或私人物品。加注场地规范划定车位线，有褪色、脱落应及时翻新，不拉横幅、不张贴宣传标语。

图 3.4　泵岛、加注场地干净整洁

3.2.1.4　立柱

立柱、广告牌、指引牌干净整洁，无积尘、无污渍。立柱广告须采用标准框广告设计，整体立柱广告位高度一致，广告海报平整干净、无破损，宣传内容一致且未过期。

图 3.5　立柱整洁，广告入框

3.2.1.5 罩棚檐口

檐口 Logo 清晰、无脱落，颜色鲜亮，无破损、干裂等，无明显污渍或雨痕。檐口灯和罩棚灯全部正常使用，按要求启闭，灯光通透明亮。檐口处不得悬挂横幅或宣传物料，发现故障及时维修。

图 3.6 檐口 Logo 清晰、无脱落，颜色鲜亮

3.2.2 储罐区

干净整洁，地面无油污、垃圾和杂草。所有警示牌、作业指引、安全指引、品类和罐号标识规范醒目。储罐区无积水、无油污、无锈蚀，密封良好，不栽种油性植物。

图 3.7 储罐区干净整洁，无油污、垃圾和杂草

3.2.3 厕所

整体干净清洁，无异味、无污渍、无积水、无蛛网、无蚊虫、无小广告。厕所门锁、照明、冲水、洗手等设备能正常使用，便池无堵塞。在洗手台墙面正上方、厕所外门约 1.5m 高度的位置，每个蹲位的档门内或内壁一侧约 1m 高的位置，规范张贴评价二维码。

图 3.8　厕所干净清洁，无异味、无污渍

3.2.4　营业室

室内整体干净整洁，地面、墙面清洁无污渍、无杂物和私人物品。设备设施定点摆放，证照有序悬挂，设置专用储物柜，办公文件和用品分类摆放，员工私人物品统一归置。

图 3.9　办公设施设备定点摆放，证照有序悬挂

3.2.5　生活区

员工宿舍、休息室、活动室、厨房、餐厅、浴室等生活区域整体干净整洁，员工个人物品归置有序。厨房、餐厅无油渍、无垃圾，餐厨设备、用餐桌椅摆放整齐，不堆放其他杂物。

图 3.10　生活区域整体干净整洁，员工个人物品归置有序

3.2.6 其他区域

3.2.6.1 绿化带

站内绿植高度适中，无杂草、枯枝、垃圾。不宜种植有果实的树木。

图 3.11 站内绿植高度适中，无杂草、枯枝、垃圾

3.2.6.2 围墙

墙面平整、干净，墙皮无脱落、无破损、无蛛网、无污渍，整体无倾斜。墙面颜色与站房色彩协调。墙体广告平整干净，无破损、无褪色、无污渍，广告在有效期内。围墙表面有损坏脱落须及时维修。围墙不悬挂横幅。

图 3.12 围墙墙面平整、干净，墙皮无脱落

3.2.6.3 品牌柱

柱体整洁干净，无污渍、无裂痕、无蛛网，油品标识与价格清晰准确，周边区域无垃圾。夜间色彩鲜亮，所有灯具正常使用且灯光均匀，内容无缺失，按要求启闭。

图 3.13 品牌柱整洁干净，夜间色彩鲜亮

3.3 营业员形象

3.3.1 着装规范

（1）员工上岗时，应穿着统一规定式样的合身工装，经站经理或领班（主管）检查合格后上岗。季节性换装时，以站为单位，选择统一的换装时间。

（2）穿着要求如下：

① 夏装。上衣纽扣系至上数第二个，不挽袖口，上衣下摆束进裤子里；不挽裤腿，扎与裤子颜色相同或相近的深色腰带。

（a）员工　　（b）站经理

图 3.14　夏季工装

② 春秋装。内衣领不高于外衣领，内衣下摆不外露；上衣拉链高度由员工个人根据体感自行决定，但不得低于正面反光条的位置，不挽袖口及裤腿。

（a）员工　　（b）站经理

图 3.15　春秋工装

③ 冬装。内衣领不高于外衣领，内衣下摆不外露；内胆可拆卸，但不能单独外穿，拉链到顶；外套拉链具体高度由员工个人根据体感自行决定，但不得低于正面反光条的位置。魔术贴要规范粘贴，不挽袖口及裤腿。

（a）员工　　　　　　　　（b）站经理

图 3.16　冬季工装

④鞋帽。穿统一式样的防静电工作鞋；帽子扣戴端正，工帽以站为单位，根据日晒情况，统一确定佩戴时间。

图 3.17　夏帽

图 3.18　秋帽

⑤腰包。视工装佩戴，原则上着夏装时佩戴，除急救药品外，不放置其他私人物品。腰包佩戴于腰部正前方，不得斜戴。

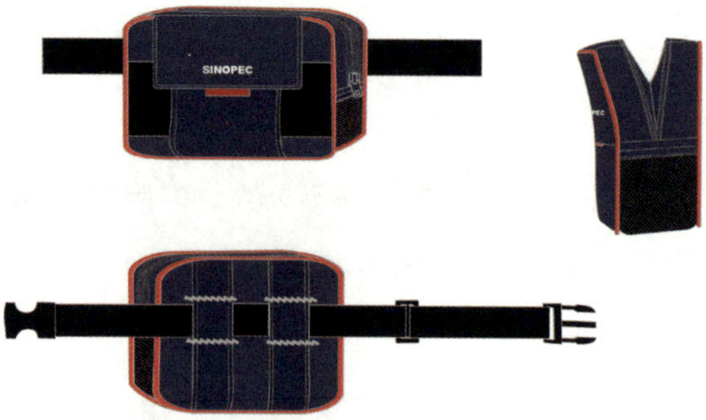

图 3.19　腰包

⑥臂章。魔术贴臂章由品牌合作站按照中国石化标准式样自行制作，尺寸与上臂两侧的魔术贴底相符。魔术贴内容原则上以安全员岗位、营销宣传及广告类为主。除安全员外，其他岗位不得设置和佩戴臂章。

（3）工牌与绶带。

①工牌。员工上岗须佩戴中国石化统一式样的工牌，佩戴位置为工装工牌卡位处。

图 3.20 工牌

②绶带。工装不允许佩戴任何样式的绶带。

3.3.2 仪表要求

（1）员工不剪染怪发，不戴墨镜，过肩长发应束起，不得佩戴过多或过于夸张的饰物。男员工短发，不蓄胡须，鼻毛不外露，女员工不化浓妆，保持指甲清洁。

（2）员工上岗精神饱满，站姿挺拔，不倚靠加注设备、墙柱等，不坐在台阶、泵岛、防撞柱、消防箱等上面。

第 4 章

服务管理

中国石化
SINOPEC
中国石化
SINOPEC
SINOPEC
易捷
SINOPEC
XPOWER
98
95
92
柴油
便利店

4.1 服务流程

4.1.1 加油服务六步法

4.1.1.1 概述

1. 引车入位

引导车辆准确驶入加油位，示意停车。

2. 问候确认

微笑问候，提示熄火，确认油品和数量，询问支付方式，开启油箱盖。

3. 加注油品

插卡或输入授权码，提枪并示意泵码归零，加注油品，注意观察，防止异常。

4. 增值服务

工况允许时，征得客户同意，提供增值服务，并同步推荐当期营销活动。

5. 结算收银

挂好加油枪，盖油箱盖，提示金额，确认支付完成，唱收唱付。

6. 离站道别

挥手道别，微笑送客，整理胶管，清洁卫生。

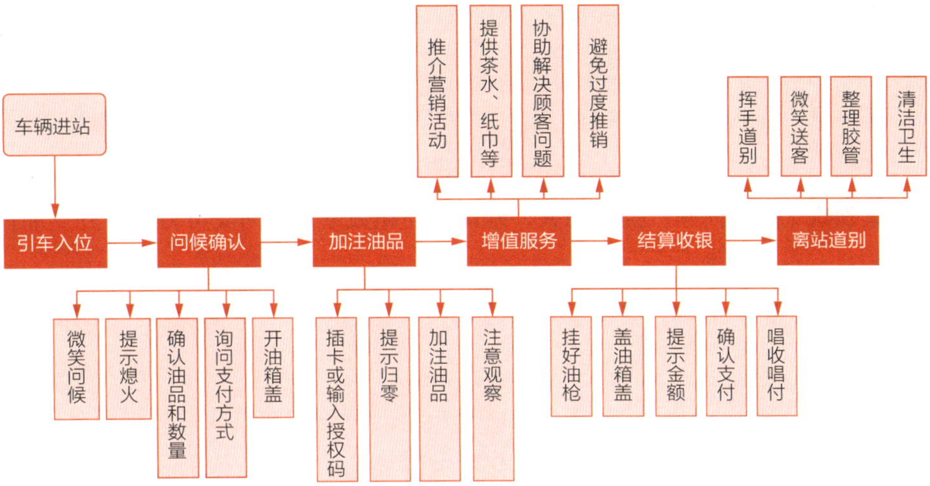

图 4.1　加油服务六步法

4.1.1.2　流程详解

1. 引车入位（引导车辆准确驶入加油位，示意停车）

（1）动作。

①空闲站姿：自然站立，无蹲、坐、靠、抱肩等行为。

②正面引车：双臂向前伸直，手心向上，五指并拢，小臂向上抬起，与上臂呈 90°，前后挥动不过耳。

③侧方引车：伸直车辆行进方向的手臂，抬至与肩齐平，掌心向外；另一手臂平举，指向车辆行进方向，并水平挥动小臂与胸齐平。

④示意停车：侧向面对车辆，抬起左前臂，竖起左掌居中，五指并拢，同时抬起右臂与肩平齐，将右掌掌心置于左掌上方，五指并拢，且与左掌呈 90°。（左右手位置可互换）

（2）要求。

①空闲时，场地至少有一名员工面向入口、规范站立等待客户，第一时间招呼、引导刚进站的客户到正确的加油位（根据车型预判），优先应往出口、有促销堆头等处的泵岛引导。

②远距离引车，员工应在车辆驶入进站口时，面向车辆正面引车；近距离引车，应站在泵岛上侧方引车；员工在营业室时，应小跑至停车位（注意避让车辆），车到人到，工况允许的情况下做好引车。高温、严寒、暴雨、台风等极端天气下，各品牌合作站自行确定员工车到人到要求。

③引车时，动作规范，声音响亮，准确向客户表达出引车意思，如“往前，请再往前一点”“请往前，车头停在止停线处”“好，请停车”等，亦可通过吹口哨等方式替代话术。

④繁忙时，加油现场应有工作人员维持秩序，避免车辆顶头、横插或逆向行驶，造成拥堵。要尽量将车引至靠近出口位置，以方便后续车辆进站。泵岛员工在服务的同时，要

维护好排队秩序，尽快将加完油的车辆导出，再导入排队等候车辆，可视繁忙情况，自行决定是否做引车动作。

⑤当班期间，营业员手机集中存放，除特殊情况，不得使用。员工不得出现睡觉、吃零食、扎堆闲聊、追逐打闹等行为。（适用于自助加油及室内收银）。

2. 问候确认（微笑问候，提示熄火，确认油品和数量，询问支付方式，开启油箱盖）

（1）动作。

①车辆停稳，面带微笑，举起手掌至脸颊处，掌心向外、五指并拢、指尖朝上，向客户问候示意。

②征得客户同意后，开启油箱盖。先旋开一半，待箱内油气放完后再完全旋开，避免油气喷出伤害。开启油箱盖动作要轻巧，无挂绳的油箱盖应小心倒放在多功能服务台或加油机上，切勿放在客户车上，同时，注意查看油箱口油品提示。

（2）话术。

①空闲时，“您好，欢迎光临！请熄火！（若车辆已熄火，提示省略）”“请问加什么油，油卡还是一键加油？加满吗？”“请打开油箱外盖”。

②繁忙时，“您好，久等了，请熄火！（若车辆已熄火，提示省略）”“请问加什么油，怎么支付？”

③“使用加油卡、石化钱包更便捷，还有不少优惠，需要帮您办张加油卡或开通石化钱包吗？”

（3）要求。

①员工采用微蹲或弯腰姿势，与客户目光接触，处于同一高度，微笑自然，暖心问候，动作规范，提醒熄火，问清加油方式，若客户选择人工加油，继续询问油品（汽油车推荐高标号或品牌汽油）、支付方式。若客户选择自助加油，则转为自助加油服务模式。

②从便捷、安全、优惠等角度，主动向现金、微信、支付宝等客户推荐使用加油卡、石化钱包，但不得强制推荐，不得限制现金等合法合规支付方式。

③开启油箱盖前，要注意观察，若油箱盖有损坏，要告知客户，确认后再开启，避免纠纷。

④员工在站内只要身着工装，与客户相遇，2m 内均须问候或打招呼。

3. 加注油品（插卡或输入授权码，提枪并示意泵码归零，加注油品，注意观察，防止异常）

（1）动作。

①将加油卡插入读卡器，或输入授权码。若客户卡为限车号卡，核对车号信息，遮挡输入员工密码；若客户卡有密码，邀请客户输入，提示卡内余额。

②提醒客户后，提起加油枪，侧转面向客户，手掌向上五指并拢指向加油机显示屏，提示泵码已归零；将加油枪插入油箱，快速熟练加油。

③招呼排队车辆，高举手臂过头，掌心向客户，举手示意。

（2）话术。

①“您好，请输入您的卡密码”“您卡内余额 ×× 元”“您下单油品为 ××，金额 ×× 元”。

②提示归零，“您好，请看泵码（加油机或油表）已归零”。

③提示等候客户，“请稍等”“马上为您服务”。

（3）要求。

①加注油品时，动作熟练，同时注意观察，防止提枪走字、停枪走字或跑冒滴漏。

②繁忙时段，做到“加一看二照顾三”，对排队车辆举手示意。

4. 增值服务（工况允许时，征得客户同意，提供增值服务，并同步推荐当期营销活动）

（1）增值服务项目（可结合实际自行选择或增减）。

服务内容	适用站类型	建议使用场景
茶水	均适用	空闲、夏天
口香糖之类	均适用	繁忙，对等候车辆
垃圾袋	均适用	空闲
矿泉水	竞争站为主	高峰，对久候车辆
一次性擦拭车内驾控台纸巾	市区站、竞争站	均适用
零售营销活动推广	活动站	除高峰期外的时段均可
美食地图	景区站	空闲
景区地图	景区站	空闲，或客户咨询
擦拭反光镜	均适用	空闲，雨天
一次性湿纸巾	国省道、高速站	购买快餐品客户
独立包装牙线	国省道、高速站	购买快餐品客户
眼镜布	均适用	佩戴眼镜客户、夏季高温
节日随手小礼品	市区站、竞争站	节假日
提供自助式洗车工具	均适用	均适用
爆米花机	市区站、竞争站、新开站、景区站	均适用
冰激凌机	市区站、竞争站、新开站、景区站	均适用
电子血压仪	均适用	均适用
擦鞋机	市区站、竞争站、新开站、景区站	均适用

（2）话术。

①“您好，需要帮您擦拭车窗吗？”“您好，需要清理车内垃圾吗？”“您好，需要续水吗？”“送您一份小礼物，感谢您的耐心等待！”

②“我们还有 × 优惠活动，您需要了解一下吗？”“抱歉，打扰了！”

（3）要求。

①空闲时，向客户推介时，关注客户表情，若开口即遭拒绝或客户冷场不搭话，立即

停止推介，可为客户提供站内其他增值服务，并执行服务流程。

② 专心为当前客户服务，与客户有效沟通，不得背对客户问候、加油，或远离客户、与同事聊天等。如遇确需在客户面前与同事交流的站内事务，需向客户示意致歉。

③ 繁忙时，增值服务由员工视繁忙情况或客户要求执行。

5. 结算收银（挂好加油枪，盖油箱盖，提示金额，确认支付完成，唱收唱付）

（1）动作。

加油结束后，迅速挂枪，盖好油箱盖，提示客户加油数量及油箱盖已盖好。双手递接钱物或指引客户至室内结算，识别钱币真伪，核验支付凭证，唱收唱付。

（2）话术。

“您好，××号加油××元，油箱盖已盖好”，客户支付后，附加不同支付方式的话术如下：

① 现金加油。“收您××元，找您××元”。

② 用户卡加油。“卡内余额××元”“卡内余额不足，请及时充值”。繁忙时，对卡内余额和充值提示不作要求。

③ POS 机接单加油。引导客户在移动端下单，未开通“免密支付”的，提醒客户在移动端确认支付密码。员工刷卡接单后，核对订单的车牌、油品、金额等信息，开始加油，金额控制在订单额度内。加油后，提示客户“系统将自动扣款，请注意确认”。

④ 授权码加油。引导客户在移动端下单，未开通“免密支付”的，提醒客户在移动端或加油机确认支付密码。员工或客户在加油机上输入客户订单的授权码。加油后，提示客户“系统将自动扣款，请注意确认”。

⑤ 闪付加油。加油后，指导客户在移动端输入正确的油枪号，选择正确的加油流水，并确认支付。员工查验支付结果，提示客户“已支付××元”。

⑥ 扫码付加油。加油后，现场员工使用手持 POS 机，选择加油记录，扫客户付款码收款，确认支付成功，提示客户“已支付××元”；室内人员通过 PC 端 POS 机，选择加油记录，扫客户付款码收款，确认支付成功，提示客户“已支付××元”，并向客户出具支付凭证供现场员工核验。

⑦ 刷银行卡加油。室内员工使用 POS 机，选择加油记录，“请您出示银行卡，输入密码，注意遮挡”，刷卡后提示客户“已刷卡××元，请签字确认”，并向客户出具存根联供现场员工核验。

6. 离站道别（挥手道别，微笑送客，整理胶管，清洁卫生）

（1）动作。

举起手掌至脸颊处，掌心向外、五指并拢、指尖朝上，小臂左右自然挥动，挥手道别。

（2）话术。

“请您对本次服务进行评价，欢迎下次光临（再见）。”

（3）要求。

客户离站后，员工整理加油胶管，工况允许时，清理现场卫生。

备注：客户至室内结算或开票等，现场员工应引导客户将车辆移出加油位，在合适位置停靠，避免影响后续车辆加油和站内通过率；对有语音提示的加油机，员工服务话术可结合语音提示进行优化。

4.1.2 自助加油服务

4.1.2.1 推广阶段

（1）引车入位。引导车辆准确驶入加油位，示意停车。

（2）问候确认。微笑问候，提示熄火，确认自助加油。

（3）指引监护。指引客户操作，监督现场安全，处理异常情况。

（4）离站道别。提醒客户盖好油箱盖、带好随身物品，微笑道别。

4.1.2.2 成熟阶段

指引监护。监督现场运营，指引非熟练自助加油客户操作，处理异常情况。

备注：推广自助加油后，加油站销量不下降（市场环境影响除外），现场秩序不混乱，客户满意度不降低，自助加油交易比例不低于 80%，自助加油客户不需要员工指引全流程独立操作的比例不低于 80%，可认定该站自助加油进入成熟阶段。

4.1.2.3 流程详解

1. 推广阶段

（1）引车入位（引导车辆准确驶入加油位，示意停车）。

动作及要求同加油服务“六步法”。

（2）问候确认（微笑问候，提示熄火，确定加油方式）。

①动作。

车辆停稳，面带微笑，举起手掌至脸颊处，掌心向外、五指并拢、指尖朝上，向客户问候示意。

②话术。

1）“您好，请熄火！（若车辆已熄火，提示省略）”“欢迎自助加油”。

2）推荐自助加油，“您好，自助加油能享优惠，还能体验加油乐趣，您试一下？”转员工加油服务，“很高兴为您服务”。

③要求。

1）员工采用微蹲或弯腰姿势，与客户目光接触，处于同一高度，微笑自然，暖心问候，动作规范，提醒熄火，问清加油方式。

2）充分尊重客户选择，若客户要求员工加油，先推荐自助加油，若客户坚持，则转为员工加油。

3）员工在站内只要身着工装，与客户相遇，2m 内均须问候或打招呼。

（3）指引监护（指导客户操作，监督现场安全，处理异常情况）。

①动作。

员工侧转面向客户，手掌向上五指并拢指向《自助加油操作说明》，并提示安全要点。招呼排队车辆，高举手臂过头，掌心向客户，举手示意。

②话术。

1）“您好，请问有什么可以帮您？”“您好，请按《自助加油操作说明》和加油机音频提示操作，如有疑问，我将为您解答。”

2）“您好，接近油箱口前，请触摸金属键盘（静电触摸球），导除静电。”“您好，加油站是危险场所，为了您的安全，请勿接打手机（拍打衣服、吸烟……）。”

3）“使用加油卡、石化钱包更适合自助加油，还有不少优惠，需要帮您办张加油卡或开通石化钱包吗？”

4）“您好，我站不销售散装汽油，请移步至 × 站购买。”“您好，按照公安机关要求，购买散装汽油请先登记备案。”

③要求。

1）推广阶段，员工要在加油现场巡视指引。

2）耐心指导客户选择油品、确定数量、消除静电、操作加油机、提枪加油、支付开票等自助操作，及时解答客户疑问。

3）从便捷、安全、优惠等角度，主动向现金、微信、支付宝等客户推荐使用加油卡、石化钱包，但不得强制推荐，不得限制现金等合法合规支付方式。

4）现场人员通过巡查，及时发现并处理客户咨询、无法支付、限车号加油、散装汽油、站内秩序、跑冒油、加错油、加油枪未复位、系统外人员套现、环境卫生等情况。

（4）离站道别（提醒客户盖好油箱盖，带好随身物品，微笑道别）。

①动作。

举起手掌至脸颊处，掌心向外、五指并拢、指尖朝上，小臂左右自然挥动，挥手道别。

②话术。

“请挂好加油枪，盖好油箱盖。”“请带好随身物品。”“请您评价本次自助体验，欢迎下次光临（再见）。”

2. 成熟阶段。

指引监护。监督现场运营，指引非熟练自助加油客户操作，处理异常情况。

（1）话术。“您好，请按《自助加油操作说明》和加油机音频提示操作，如有疑问，我将为您解答”“您好，接近油箱口前，请触摸金属键盘（静电触摸球），导除静电”“您好，加油站是危险场所，为了您的安全，请勿接打手机（拍打衣服、吸烟……）。”

（2）要求。

①室内无业务，员工须站岛服务，执行推广阶段自助加油服务流程。

②室内有业务，员工通过橱窗观察、视频监控现场情况，若出现跑冒油、静电闪燃、加注散装汽油等危及加油站安全的紧急情况，跑动至现场快速处理；其他情况可先通过场地广播进行提醒或指导，待室内业务结束后，跑动至现场快速处理。

4.1.3 加气服务

4.1.3.1 引车问候

车辆在进站时，营业员应主动引导车辆选择合适加气位置，礼貌招呼并进行相关 HSE 提示（注意车辆限制信息）。

4.1.3.2 安全检查

检查车辆电子标签是否扫描通过（无电子标签，则核对气瓶使用登记证是否在有效期内，登记证信息与车辆气瓶信息是否一致），检查气瓶、管路及其附件是否完好、有无泄漏，并确定气瓶压力表是否有余压。

4.1.3.3 加注天然气

（1）充装 CNG。打开车辆防尘盖，将加气枪头插入加气接口，可靠连接。打开枪阀和车辆充气阀，按客户要求加注。加气结束后，关闭车辆充气阀和枪阀手柄，将加气枪回位，盖上车辆防尘盖。

（2）充装 LNG。完成预冷，打开车辆气瓶防尘盖，取下加液枪，吹扫干净加液枪接头和车辆加液接口并连接，按客户要求开始充液。加液结束后，将加液枪归位，盖上车辆防尘盖。

4.1.3.4 增值服务

在工况允许的条件下，征得客户同意，可提供增值服务，并同步推荐当期营销活动。

4.1.3.5 结算收银

提示金额，确认支付完成，唱收唱付。

4.1.3.6 送别离站

微笑道别，引导车辆出站。

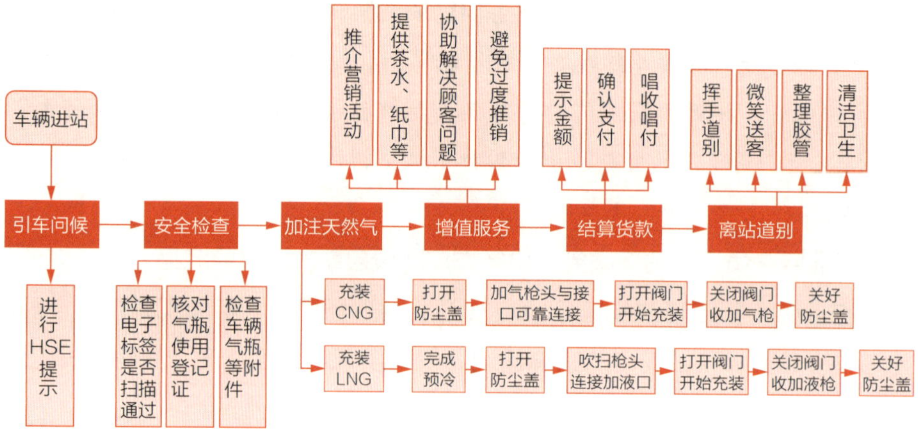

图 4.2 加气服务

4.1.4 营业室收银四步法

4.1.4.1 概述

（1）进店问候。主动问候，微笑服务。

（2）油品结算。询问油品、金额等情况，收款，唱收唱付，并向客户提供支付凭证。

（3）开具发票。根据客户需求，协助开具发票。

（4）致谢道别。微笑致谢，礼貌送客。

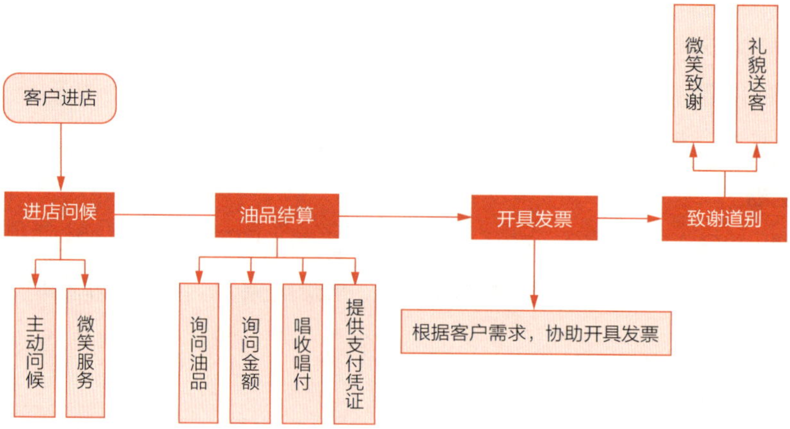

图 4.3 室内收银四步法

4.1.4.2 流程详解

1. 进店问候（主动问候，微笑服务）

（1）动作。

坐姿端正，两腿并拢，上身自然挺直。站姿及手势同加油服务“六步法”。

（2）话术。

“您好，欢迎光临”“请稍等”“久等了”“请问有什么需要”。

（3）要求。

①空闲时，客户出现在营业室门口，员工需立即起身站立等候；目光主动接触客户，抬手亲切问候，并上前引导购物与咨询；多名员工在店内的，需暂停员工间交流，齐声问候。

②繁忙时，目光接触，问候客户，可不起身、抬手；对排队客户打招呼示意。

2. 油品结算（询问油品、金额等情况，收款，唱收唱付，并向客户提供支付凭证）

（1）动作。

双手接拿或递送物品、单据；使用扫码设备，对应交易流水收款；引导客户使用自助设备；推荐营销活动。

（2）话术。

①现金加油。“×× 号 ×× 元，收您 ×× 元，找您 ×× 元。”

②扫码付等支付。“您加 ×× 号 ×× 元，已收款。”

③营销推介。“您好，现在有 ×× 活动，欢迎参与！”

④繁忙时，“您好，久等了”“马上为您服务”。

（3）要求。

①空闲时，双手接拿或递送物品、单据；员工能熟练扫码，操作开票、手机业务、加油卡业务，了解当期促销活动、优惠券、重点商品，根据客户要求，做出适当推荐。

②繁忙时，做到“接一问二招呼三”，安抚排队客户情绪，给出自助结账、扫码购等解决方案。

3. 开具发票（根据客户需求，协助开具发票）

（1）话术。

“您好，请提供电子邮箱或手机号码。”“电子发票已发送至您电子邮箱 / 手机号码，请注意查收。”

（2）要求。

①空闲时，为客户开具电子发票或引导客户自助开具。

②繁忙时，打印电子发票二维码小票，提示客户扫码自助开票，或通过易捷加油 App、公众号自助开票。

4. 致谢道别（微笑致谢，礼貌送客）

（1）动作。

举起手掌至脸颊处，掌心向外、五指并拢、指尖朝上，小臂左右自然挥动，挥手道别。

（2）话术。

“慢走，欢迎下次光临。”

4.1.5　便民服务项目

（1）提供开水、应急药品、针线包、简易维修工具、充电器等便民服务。

（2）根据当地实际和客户需求，开展特色服务。

4.1.6　客服中心

中国石化设立全国统一客服中心，受理客户关于加能站的咨询、建议、投诉和举报。全国统一客服热线电话为：95388-1/95105988/95105888，品牌合作站应在品牌柱等显著位置公示。

4.2 服务评价

4.2.1　评价系统介绍

（1）客户满意度即时评价。会员消费后，可通过易捷加油、加油卡网厅、微信公众号等途径，登录评价界面进行评价；非会员客户，可通过微信 / 支付宝“扫一扫”功能，扫描评价二维码进行评价。

线上评价入口　线上评价详情　微信评价二维码　支付宝评价二维码　扫码评价详情

图 4.4　客户满意度即时评价

（2）厕所环境卫生扫码评价。客户通过微信“扫一扫”功能，扫描“加油站厕所环境卫生扫码评价”二维码，或通过客户满意度即时评价，参与对厕所环境卫生的评价。

厕所评价二维码　厕所评价详情

图 4.5　厕所环境卫生扫码评价

4.2.2　评价结果查询

登录云中心 - 评价中心模块，可查看服务评价结果。

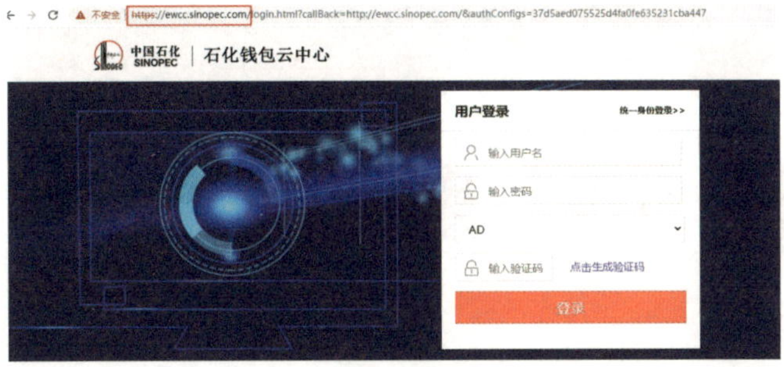

图 4.6　云中心登录界面

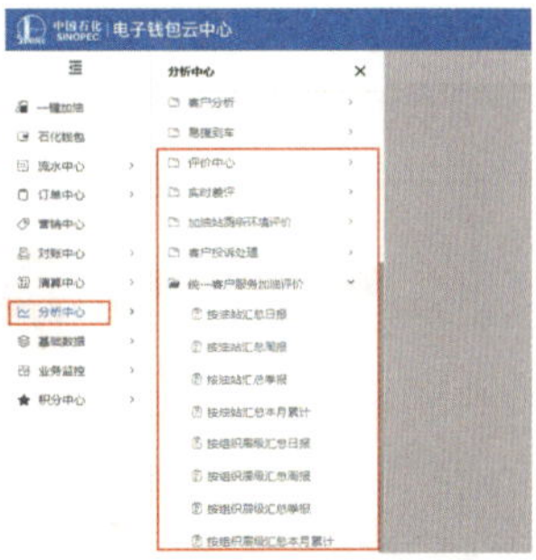

图 4.7　云中心报表查询界面

4.2.3 差评推送

开通评价功能的品牌合作站，客户满意度及厕所环境卫生的差评（二星及以下评价），将通过站经理助手以微信消息的方式，推送到品牌管理专员的手机端。此外，也可登录云中心在“实时差评”中查询。

4.3 投诉处理

4.3.1 现场投诉处置

（1）客户提出异议，员工要迅速反应，态度真诚。

（2）员工主动将客户带离现场，耐心听取客户倾诉，并做好记录。

（3）员工在向客户解释时，应换位思考，与客户共情，向其提出解决问题的建议。

（4）在事情没弄清前，不要轻易下结论，或将责任归咎于品牌合作站。

（5）不要向客户擅自做出承诺，避免被动。

（6）不要激化矛盾，将事态扩大。

（7）现场无法处理的问题，立即逐级上报解决。

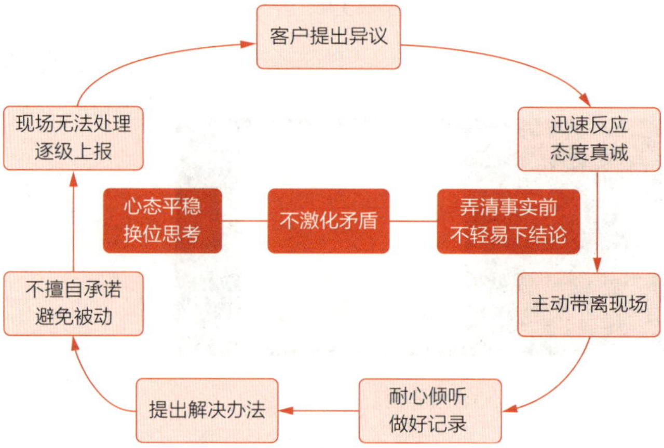

图 4.8 现场投诉处置

4.3.2 现场恶意投诉处置

面对恶意投诉，首先要积极了解实际情况，核实品牌合作方是否存在问题。若确认恶意投诉，可收集证据，以恰当的语言、和善的态度安抚客户情绪，巧妙应对。若积极尝试后，客户变本加厉，仍要保持理性，避免发生冲突。若现场发生冲突，或对品牌合作站造成不良影响，立即报品牌合作方处理。若客户存在违法犯罪行为，则报警处理。

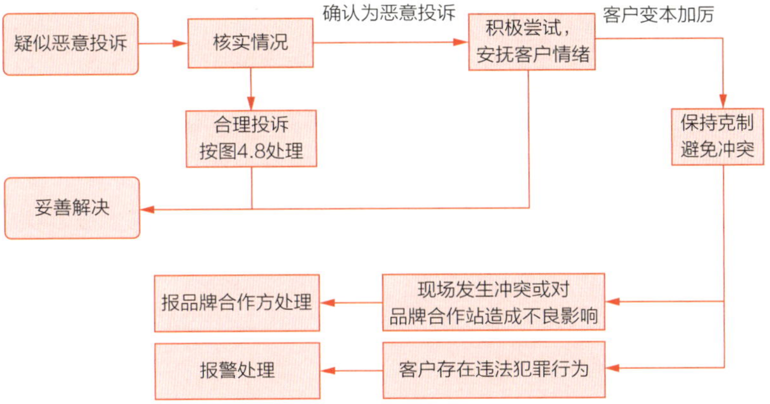

图 4.9 现场恶意投诉处置

4.3.3 差评处置

（1）及时通过视频监控回放，或与当班营业员沟通，核实情况。

（2）主动联系客户，礼貌询问客户需求，了解客户真实想法。

（3）对于服务不到位的地方，向客户致歉，邀请客户下次到站监督整改情况。

（4）对于因误会产生的差评也应积极应对，留言回复、沟通交流、消除误解。

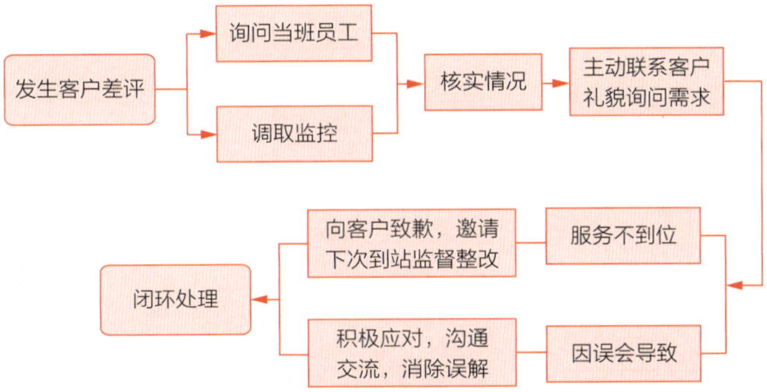

图 4.10 差评处置

4.3.4 统一客服中心咨询或投诉处置

（1）客户通过统一客服中心就品牌合作站有关事宜进行电话咨询或投诉。

（2）客服座席记录客户诉求，对未能在客服端首解的问题，生成 OA 工单，流转至省市公司高级座席处理。

（3）省市公司高级座席收到工单后，根据初步核实情况提出处理建议，将工单流转至品牌合作站所在地市公司主办部门负责人。

（4）地市公司主办部门负责人审核工单问题，转至地市公司主办部门经办人或品牌合作站所在县区公司经理，通知品牌合作方了解相关情况，并联系客户进行答复或处理。

（5）品牌合作方答复或处理后，及时将结果反馈至地市公司主办部门经办人或县区公司经理，由经办人或县区公司经理在规定时限内（咨询类 24 小时，投诉类 72 小时），在 OA 填写“反馈调查处理结果”，反馈至主办部门负责人。

（6）地市公司主办部门负责人核定反馈结果后，将工单流转至省市公司高级座席，高级座席安排统一客服中心座席进行电话回访。

（7）高级座席审核完毕后办结，流程结束。

备注：各企业具体的流转和处理流程可能有所不同，以各企业实际为准。

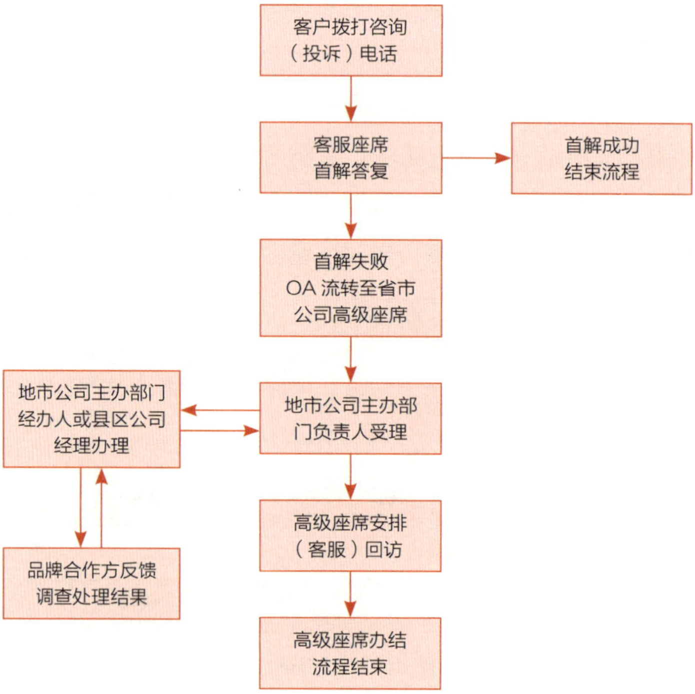

图 4.11 统一客服中心咨询或投诉处置

第 5 章

数质量管理

5.1 加油站数质量管理

5.1.1 油品属性

5.1.1.1 车用汽油（Ⅵ）

1. 主要性能参数检测标准

车用汽油（Ⅵ）主要性能参数检测标准见表5.1。

表5.1 车用汽油（Ⅵ）主要性能参数检测标准

项目		质量指标		
		92号	95号	98号
研究法辛烷值（*RON*）	不小于	92	95	98
抗爆指数（*RON*+*MON*）/2	不小于	87	90	93
铅含量/（g/L）	不大于	0.005		
硫含量/（mg/kg）	不大于	10		
密度（20℃）/（kg/m^3）		720~775		

2. 油品选用

（1）发动机压缩比。压缩比是发动机汽缸的总容积与燃烧室容积的比值。它表示汽缸内气体被压缩的程度，压缩比越大，则压缩终了时汽缸内气体的压力和温度越高。目前，汽油发动机的压缩比一般不超过12。

（2）压缩比与牌号。汽油牌号应根据发动机压缩比的大小来选择。目前，在国际汽车行业的实践中，遵循发动机压缩比与汽油辛烷值近似匹配关系，广泛采用表5.2的用油标准。

表 5.2 汽油牌号的选择

压缩比	8.6 ~ 9.9	10.0 ~ 11.5	11.6 以上
辛烷值（RON）	92	95	98
对应牌号	92 号	95 号	98 号

5.1.1.2 “爱跑”品牌汽油

“爱跑”品牌汽油是中国石化自主研发、自主创新的高品质汽油。

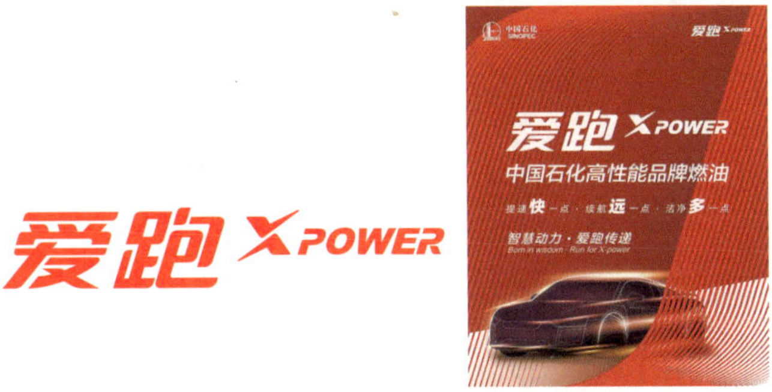

图 5.1 “爱跑”品牌汽油

“爱跑”品牌汽油优点：

（1）更强劲，能给发动机带来更强劲的动力输出。

（2）更清洁，能有效清除并抑制发动机内部积炭。

（3）易区分，颜色是绿色，与普通汽油的颜色具有鲜明的对比。

（4）可鉴别，具有独有的类似人体 DNA 的防伪技术，能数秒内鉴别真假身份和品质。

（5）更环保，车辆的有害污染物排放量更低，一氧化碳和碳氢化合物的排放量明显减少。

（6）更防锈，能最大限度地减少对发动机供油系统的锈蚀，保护发动机内部零部件不受腐蚀。

5.1.1.3 乙醇汽油

乙醇汽油是用 90% 的普通汽油与 10% 的燃料乙醇调和而成，是一种混合物。在汽油中加入适量乙醇作为车辆燃料，可节省石油资源，减少车辆尾气对空气的污染，还可促进农业生产。

使用车用乙醇汽油的车辆，可以加入同牌号的车用汽油。在车用汽油中，也可以加入同牌号的车用乙醇汽油。

5.1.1.4 车用柴油

1. 主要性能参数检测标准

车用柴油（Ⅵ）主要性能参数检测标准见表 5.3。

表 5.3　车用柴油（Ⅵ）主要性能参数检测标准

项目		质量指标					
		5 号	0 号	-10 号	-20 号	-35 号	-50 号
硫含量 /（mg/kg）	不大于	10					
水含量 /%（体）	不大于	痕迹					
凝点 /℃	不高于	5	0	-10	-20	-35	-50
冷滤点 /℃	不高于	8	4	-5	-14	-29	-44
闪点（闭口）/℃	不低于	60			50	45	
十六烷值	不小于	51			49	47	
密度（20℃）/（kg/m^3）		810~845			790~840		

2. 油品选用

（1）凝点：在规定条件下，柴油遇冷开始凝固而失去流动的最高温度，称为凝点。凝点是划分柴油牌号的依据，车用柴油按照凝点分为 6 个牌号：5 号、0 号、-10 号、-20 号、-35 号及 -50 号。凝点低的柴油，低温性能好，在冬天不易失去流动性。

（2）冷滤点：在规定条件下，柴油通过标准过滤器每分钟不足 20mL 时的最高温度，称为冷滤点。冷滤点是选用柴油的依据。

① 5 号车用柴油适用于风险率为 10% 的最低气温在 8℃以上的地区使用。

② 0 号车用柴油适用于风险率为 10%的最低气温在 4℃以上的地区使用。

③ -10 号车用柴油适用于风险率为 10%的最低气温在 -5℃以上的地区使用。

④ -20 号车用柴油适用于风险率为 10%的最低气温在 -14℃以上的地区使用。

⑤ -35 号车用柴油适用于风险率为 10%的最低气温在 -29℃以上的地区使用。

⑥ -50 号车用柴油适用于风险率为 10%的最低气温在 -44℃以上的地区使用。

5.1.2　质量管理基本要求

5.1.2.1　日常质量管理要求

（1）卸油前提取油样，发现油样有水杂、浑浊、气味异常等，不得接卸，立即向合作方和中国石化相关管理部门汇报。

（2）当加油枪流速降至正常流速的 70% 时，应立即清洗加油机滤网或更换防水滤芯。

（3）储存、接卸过程中，盖严罐口、计量孔，大雨、大雪天应及时测量水高，以防水杂浸入油罐。

（4）油罐每隔 3~5 年清洗一次，出现影响油品质量的情况，应及时清洗油罐，待油品检测合格后，方可对外销售。

（5）轻质油品储存检验周期为 3 个月，对临期油品应进行质量检验。

5.1.2.2 油品进水风险管理要求

（1）站经理（领班）每日观测油罐水高，暴雨期间应时刻观察液位仪控制台油罐水位。

（2）大雨、大雪期间每半小时检查油罐操作井是否进水。操作井进水应及时检测罐内水高，并清理井内积水。

（3）油罐内水位高于 50mm 须及时排水，水位超过 100mm 立即停止付油，并向中国石化相关管理部门汇报后进行排水。醇类汽油油罐内严禁有水。

5.1.2.3 油品质量抽检

1. 内部抽检

每月，由中国石化相关管理部门对品牌合作站的所有油品进行抽样送检，并跟踪化验结果。

内部抽检操作流程：

（1）品牌合作站根据抽检通知，准备好相应的空容器；空容器内部需洁净无杂质。

（2）加注相应油品到空容器内，在容器上做好标签，清楚注明品牌合作站名称、日期（进油日期和取样日期）、置换次数（油品质量升级时填写）、标准油品名称、油罐号、取样人等信息。

（3）将油样妥善保存在阴凉且无直接光照的地方，由中国石化相关管理部门检验。

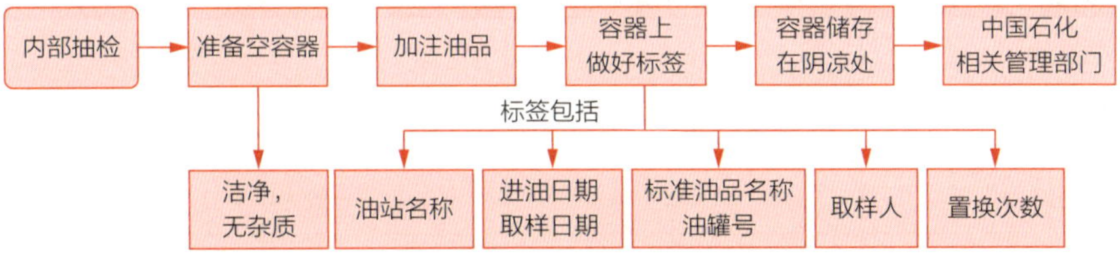

图 5.2 内部抽检操作流程

2. 外部抽检

品牌合作站不得擅自接受外部抽检。如遇外部抽检，须上报中国石化相关管理部门备案。

5.1.2.4 变类及投营前质量管理

（1）油品变类：汽油只能从高标号变至低标号；柴油只能从低牌号变至高牌号。

（2）发生跨品种变类的，应按规范进行油罐清洗，并在管控系统和液位仪系统进行油罐变类，方可进行油品进货。

（3）油罐发生油品升级、变类或清罐等特殊业务时，应以最大流量、持续不停冲洗加油管线，冲洗量至少是管线两倍容量且不少于 400L。待枪出油品检测合格且管线内无空气后，方可对外销售。

（4）对发生跨品种变类的，要确认油气回收装置是否对应正确。

5.1.3 计量器具管理

5.1.3.1 计量器具配备

开展品牌合作前，加能站应安装液位仪设备，接入中国石化平台，并由中国石化认可的专业检定机构对油罐容积表进行标定。品牌合作站日常配备的计量器具包括但不限于：量油尺（5m）、检水尺、保温盒、温度计、试水膏、试油膏；有需要的站，可配备甲乙醇快速检测器具（100mL 具塞量筒、100mL 量筒、200mL 烧杯）。

5.1.3.2 计量器具档案管理

品牌合作站应建立计量器具档案，对计量器具的合格证、检定证书等相关资料存档管理。

5.1.3.3 计量器具检定

加油机等强制检定的计量器具，由法定计量检定机构按检定周期检定，出具检定证书。非强制检定的计量器具，按属地计量管理部门要求检定，出具检定证书。计量器具配备及检定周期见表 5.4。

表 5.4 计量器具配备及检定周期

器具名称	规格	检定周期
加油机	—	不超过 6 个月
液位仪	—	每月比对
量油尺	5m	一般为半年，最长不超过 1 年
玻璃液体温度计	0~50℃	根据使用情况确定，一般不超过 1 年
密度计	—	1~2 年

5.1.3.4 日常计量操作注意事项

1. 加油机

（1）加油机必须开启防作弊功能后才能对外使用。

（2）建立设备管理档案，填写清楚 CPU 系列号、编码器系列号、防作弊功能是否开启。

（3）留存属地计量管理部门发放的合格证书，规范张贴强检合格标识。

（4）自校周期根据加油机风险等级确定，若发现损耗异常，应及时进行自检。

（5）加油机自检由中国石化县区公司或相关部门执行，误差超标，应停止付油，及时邀请法定计量检定机构调校。

（6）检定后，记录加油机检定台账和回罐台账。

2. 量油尺

经检定合格后方可使用，发生弯折或底部磨损超过 5mm，应立即更换。

3. 检水尺

（1）检水尺的长度为 300mm。

（2）检水尺采用与金属摩擦不产生火花的金属材料制成；表面光洁无缺陷，刻度标示清晰，垂直立在平面上应呈 90°，倾斜误差不超过 0.5°，配备长度适宜的防静电绳。

（3）使用完毕擦净放置在专用计量箱内。

图 5.3 量油尺、检水尺

4. 温度计

经检定合格后方可使用。若发现刻度不清晰、感温泡破损，应立即更换。

5. 试水膏和试油膏

试水膏或试油膏均为显示涂料，遇到水或油会变色，使用后旋上封盖，妥善保管。试水膏在使用时，将其均匀地涂在检水尺或量油尺尺砣临近刻度线旁；试油膏在使用时，将其均匀地涂在量油尺刻度线旁。

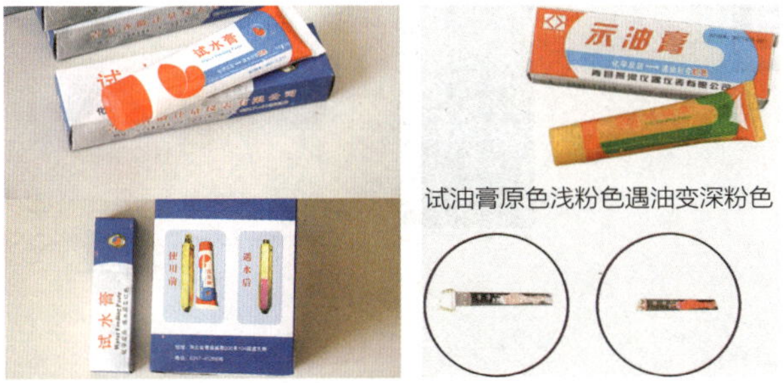

图 5.4 试水膏、试油膏

6. 容积表

（1）油罐容积表一罐一表。

（2）定期检定（油罐倾斜或变形等应及时检定），准确度在 ±0.4% 范围内。

（3）标明安全容量（总容量的 92%~95%）和有效期（初检 2 年，复检 4 年），加盖检定部门签章。

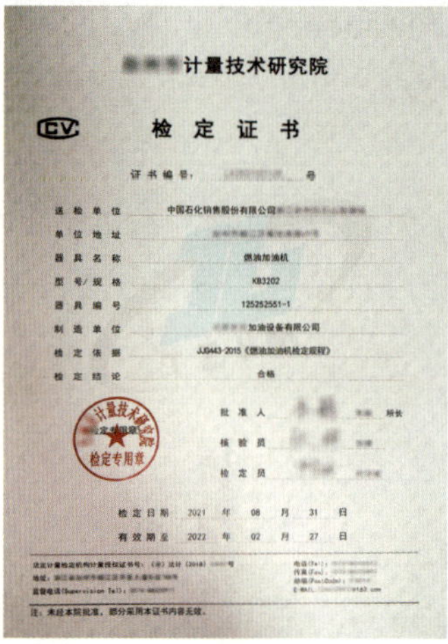

计量技术研究院

CV 检定证书

证书编号： 号

送检单位 中国石化销售股份有限公司

单位地址

器具名称 燃油加油机

型号/规格 KB3202

器具编号 125252551-1

制造单位 加油设备有限公司

检定依据 JJG443-2015《燃油加油机检定规程》

检定结论 合格

批准人

核验员

检定员

检定日期 2021 年 08 月 31 日

有效期至 2022 年 02 月 27 日

注：未经本院批准，部分采用本证书内容无效。

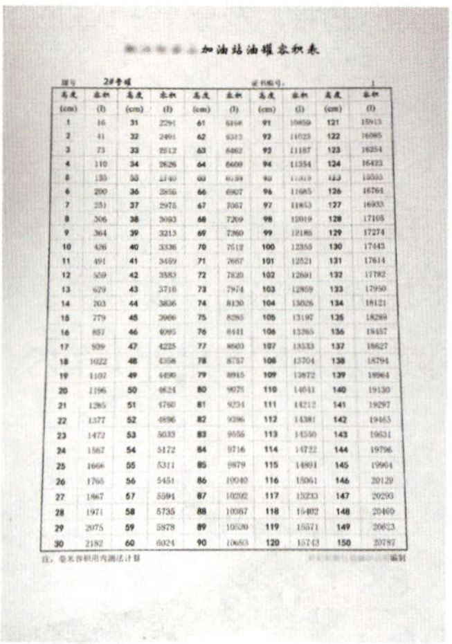

加油站油罐容积表

罐号 2#号罐 证书编号：

高度 (cm)	容积 (l)	高度 (cm)	容积 (l)	高度 (cm)	容积 (l)	高度 (cm)	容积 (l)	高度 (cm)	容积 (l)
1	16	31	2291	61	6168	91	10859	121	15913
2	41	32	2401	62	6313	92	11023	122	16085
3	73	33	2512	63	6462	93	11187	123	16254
4	110	34	2626	64	6609	94	11354	124	16423
5	155	35	[illegible]	65	[illegible]	95	[illegible]	125	[illegible]
6	200	36	2856	66	6907	96	11685	126	16764
7	251	37	2975	67	7067	97	11853	127	16933
8	306	38	3093	68	7209	98	12019	128	17105
9	364	39	3213	69	7360	99	12186	129	17274
10	426	40	3336	70	7512	100	12355	130	17443
11	491	41	3459	71	7667	101	12521	131	17614
12	559	42	3583	72	7820	102	12691	132	17782
13	629	43	3716	73	7974	103	12859	133	17950
14	703	44	3836	74	8130	104	13026	134	18121
15	779	45	3966	75	8285	105	13197	135	18289
16	857	46	4095	76	8441	106	13365	136	18457
17	939	47	4225	77	8600	107	13533	137	18627
18	1022	48	4358	78	8757	108	13704	138	18794
19	1107	49	4490	79	8915	109	13872	139	18964
20	1196	50	4624	80	9075	110	14041	140	19130
21	1285	51	4760	81	9234	111	14212	141	19297
22	1377	52	4896	82	9396	112	14381	142	19463
23	1472	53	5033	83	9556	113	14550	143	19631
24	1567	54	5172	84	9716	114	14722	144	19796
25	1666	55	5311	85	9879	115	14891	145	19964
26	1765	56	5451	86	10040	116	15061	146	20129
27	1867	57	5594	87	10202	117	15233	147	20293
28	1971	58	5735	88	10367	118	15402	148	20460
29	2075	59	5878	89	10520	119	15571	149	20623
30	2182	60	6024	90	10683	120	15743	150	20787

注：毫米容积用内插法计算

编制

图 5.5 油罐容积表

7. 液位仪

液位仪必须接入中国石化液位仪平台，24h 联网工作，及时关注异常报警；未经中国石化同意，品牌合作站不得自行调整液位仪参数。在正常情况下，计量数据以液位仪为准。

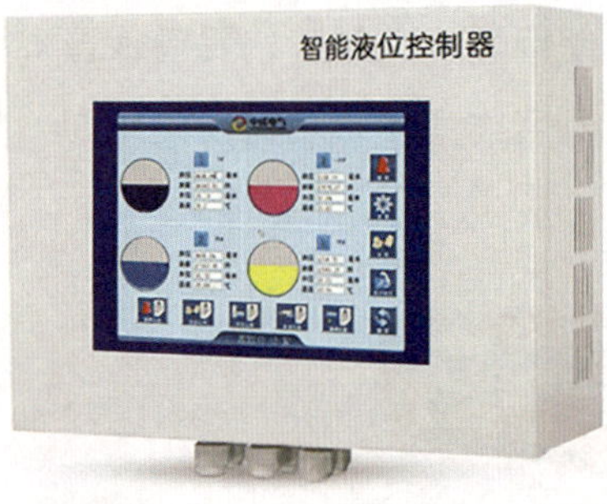

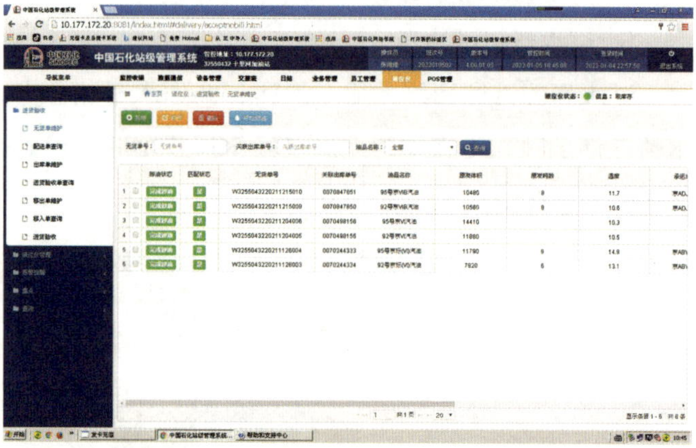

图 5.6 液位仪

（1）液位仪比对。液位仪比对操作由站经理或具有计量资质人员执行，比对频率每月不少于 1 次。

（2）液位仪高度比对操作流程。做好相关准备工作，通知测量油罐对应加油枪停止加油，油罐稳油 3min，记录液位仪对应油罐油水总高、水高、油温，按照计量操作规范，依次手工测量油水总高、水高、油温（液位中部），记录测量值（连续测量两次，两次差值不大于 1mm 时，以第一次测量数据为准）。油水总高误差超过 ±2mm、水高误差超过 ±5mm、油温误差超过 ±0.5℃，合作方经中国石化相关管理部门同意后立即调校。

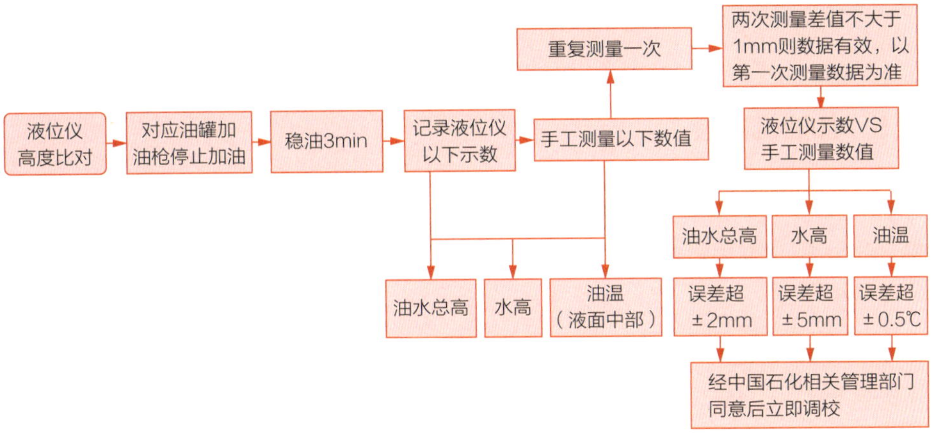

图 5.7 液位仪高度比对操作流程

（3）温度异常。当油温显示大于 60℃、小于 -40℃，或液位仪出现温度报警时，可能为温度感应器损坏，合作方经中国石化同意后立即维修。

5.1.4 加油机铅封管理

（1）品牌合作站建立加油机关键计量部位铅封档案，铅封施打或更换后，要同步录入、更新铅封档案信息记录。

（2）流量计机械调整装置、流量计侧盖、编码器（含与流量计连杆部位）、税控主板等加油机关键计量部位，除属地计量管理部门的铅封外，还应由中国石化相关部门施打统一有效的铅封。

（3）加油机维修需进行拆（施）封作业的，维修后应当重新检定，确认合格后再施封。更换铅封须经中国石化相关管理部门和属地计量管理部门批准后实施。

（4）停用加油机应当报中国石化相关部门履行审批手续，悬挂停用标志，长期停用加油机应当进行工艺、电气隔断，拆除加注枪，对底部三角阀施加盲板；所有在用、停用加油机都应当保持与管控系统关联。

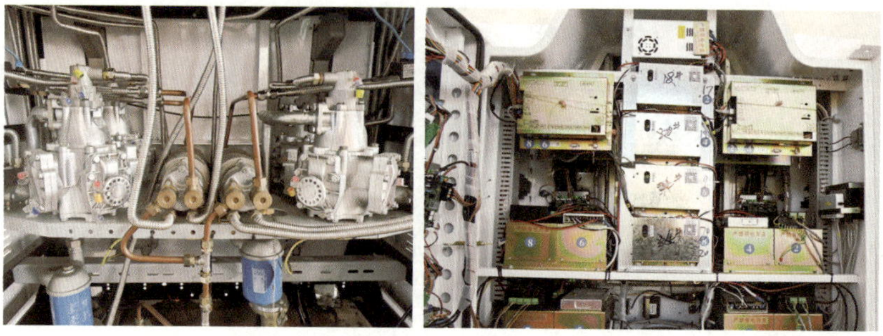

图 5.8　加油机流量计铅封、税控主板

5.1.5　加油机自检

（1）基本要求。配备合格的标准金属量器；需自检时，由中国石化相关人员持验泵卡到站，监控检定和回罐全过程。

（2）检定周期。

①计量风险区域划分。

无风险区域：-0.15% ≤自校（检定）基本误差≤ 0.15%，且较为稳定的加油机。

可控风险区域：0.15%< 自校（检定）基本误差≤ 0.25%，或 -0.25% ≤自校（检定）基本误差 <-0.15%，且较为稳定的加油机。

高风险区域：0.25%< 自校（检定）基本误差≤ 0.30% 或 -0.30% ≤自校（检定）基本误差 <-0.25%，随时可能出现计量超差或已经超差的加油机。

特高风险区域：高风险区域中，部分在一个强检周期内多次调整或调整过后，在一个强检周期内基本误差又超出 ±0.25% 范围，随时可能超差的加油机。

②付油精度连续 6 个月内为无风险加油枪，自检周期不超过 3 个月；其他风险等级加油枪自检周期不超过 1 个月，发生强检月份可不自检；月度损耗异常的油品对应的加油枪应不定期抽检。

（3）加注流程。

①将标准量器放置在坚硬的平地上，并接地，摆放好消防器材。

②将标准量器水平仪调整到中心位置。

③进行试运行，使用验泵卡启动加油机，用加油枪将油液注入标准量器内，直至注满。标准量器被注满后，将加油枪放回托架，将标准量器内油品回罐，关闭底阀，使标准量器处于准备状态。

④提起加油枪，启动加油机，确认泵码回零，将流量调至检定流量（或非定量），向标

准量器注入油液。油液注满后，关闭加油枪，待油品泡沫和气泡消失后，按要求读数并记录下加油机的示值。尽可能一次加注完成。

（4）误差管理。计算示值误差。

$$E_V=[(V_j-V_{Bt})/V_{Bt}]\times 1000‰$$

式中 V_j——加油机示值；

V_{Bt}——标准量器示值。

平均示值误差 = 示值误差之和 / 校验次数

重复性误差 =（示值误差最大值 − 最小值）/d_n

式中 d_n——极差系数，取值与校验次数（n）的关系如下：

n	2	3	4	5	6	7	8	9	10	15	20
d_n	1.13	1.69	2.06	2.33	2.53	2.70	2.85	2.97	3.08	3.47	3.73

当平均示值误差超出 ±3‰范围或重复性误差超过 1‰时，应立即停止付油，经法定计量检定机构调校合格后方可重新使用。

（5）油品回罐。将检定用的油品从卸油口加回到加油枪对应油罐，并登记加油机检定记录和回罐记录，由中国石化相关人员、站经理、操作人员在台账上签字确认。

5.1.6 进货验收管理

5.1.6.1 地罐交接卸油“八步法”操作流程

1. 引车到位（安全引导油罐车停在指定卸油位置）

（1）进入卸油区的人员穿戴好个人防护用品（防静电工作服、防静电工作鞋等，登油罐车及取样作业时须戴安全帽），通过具有带报警功能的人体静电释放装置或静电接地夹消除静电。

（2）卸油人员引导油罐车停在指定卸油位置（车头宜朝向驶离罐区方向，油罐车在站内车速不大于 5km/h），保证油罐车紧急撤离通道畅通。

（3）承运人员熄火并拉起手刹，在油罐卸油口一侧后轮的前后方向，各放置与油罐车最大允许总质量和车轮尺寸相匹配的轮挡。

2. 安全防护（连接静电接地，摆放消防器材，设置警戒隔离）

（1）卸油人员确认静电接地报警器完好，将防静电跨接线连接到油罐车专用接地端（移动式静电接地报警器另一端须连接到卸油区接地桩上），确保接触良好，开始稳油 5min。稳油期间，驾驶员和押运员不得同时离开卸油现场。

（2）在离油罐卸油口 2~3m 处摆放 2 具手提式干粉灭火器和 2 块灭火毯（半展开），在进入卸油区方向、距离油罐卸油口 6~8m 处摆放 1 具 35kg 推车式干粉灭火器（喷管不缠绕）。消防器材摆放要兼顾场地、卸油口、风向及逃生通道等，并方便取用。

（3）在油罐车周边摆放隔离栏、警戒带或锥形桶等隔离警示标识（油罐车靠近墙体侧无须围蔽），在面对进入卸油区方向、靠近隔离警示标识位置摆放“正在卸油请勿靠近”警示牌。

3. 安全检查（对环境、车辆、设备安全状态进行检查）

（1）检查周边环境有无影响油品接卸安全的因素。

（2）绕油罐车一周，检查罐体、阀门、胎压等是否完好、无渗漏，工具箱、驾驶室等无小胶管、盛油容器、铅封等违禁物品。

（3）检查确认进货油罐计量口盖等已密闭，汽油罐连通呼吸阀的所有管道阀门开启、通气管放空阀关闭。

4. 卸前确认（对铅封、气动阀、来油信息、空容等进行确认）

（1）卸油人员确认油罐车号、铅封完好、气动阀关闭，气动系统压力值高于 0.6MPa（具体的油罐车数值根据实际确定）。

（2）承运人员关闭电门，拔出钥匙，在便于取用的位置定点放置。

（3）承运人员逐仓填写仓号、油品号，双方复核后签字。

（4）卸油人员确认油库发油物料凭证号码、站名、油罐车仓号、油品号、数量与站级管理系统数据一致。

（5）卸油人员确认进货油罐卸后不超过安全容量，通知进货油罐对应的加油枪停止加油，进货油罐开始稳油 3min。

5. 油品接卸（规范连接胶管、开关阀、取样，安全接卸）

（1）卸油人员确认进货油罐稳油 3min 后，在液位仪系统勾选“油枪已停止付油”，点击“开始卸油”，再通知对应加油枪恢复加油（进货油罐对应的加油机若无防水杂措施，卸油过程中不得加油）。

（2）卸油人员开启铅封，承运人员与卸油人员先后连接油罐车侧和油罐侧油气回收胶管，双方确认胶管连接正确、接口密闭后，卸油人员与承运人员先后打开油罐侧和油罐车侧油气回收阀。若油罐车和油罐的油气回收接口均为顶压式，双方须同时连接油罐车侧和油罐侧油气回收胶管；若油罐车和油罐的油气回收接口仅一端为非顶压式，须先连接非顶压式一端接口的油气回收胶管。

（3）油罐车稳油 5min 后，卸油人员通知承运人员打开气动阀；卸油人员使用底部取样器逐仓取样（每仓油样不低于 1L），将油样倒入玻璃量杯，观察水杂、颜色、气味等，无异常后通过卸油口回罐。对外采油品直接入站的油罐车须逐仓留样（其他进货无须留样），待销售完该车次油品且质量无异常后，将留样回罐。

（4）承运人员将卸油胶管连接在油罐车相应仓号的出油口，卸油人员将卸油胶管接在进货油罐卸油口，双方再次确认仓号、罐号、油品以及胶管连接的正确性和牢固性。

（5）卸油人员先开启油罐侧卸油阀，承运人员再缓慢开启油罐车侧卸油阀，通过调节阀门开度等措施，控制卸油的流速不大于 4.5m/s。

6. 接卸监护（全程双监护，不定时巡查）

（1）承运方与品牌合作站落实双监护要求，油罐车驾驶员和押运员不得同时离开卸油现场，警戒区内不允许闲杂人员进入。无人监护时，停止卸油。

（2）卸油人员与承运人员须不定时巡查，确认气动阀开启，油罐车、胶管和所有孔盖、阀门无跑冒滴漏迹象和异常声音。

（3）不得打开进货油罐及与其油气连通的其他油罐计量口，不鸣笛，不修理、擦洗油罐车；卸油人员不定时通过液位仪观察进货油罐液位；发生油液喷溅等影响卸油安全的情况时，立即停止卸油并按预案处理。

7. 卸后确认（双方确认交接，恢复加油）

（1）卸油人员确认油罐车气动阀开启，观察卸油胶管内油液流动变化，确认胶管内无油液流动后，承运人员依次关闭油罐车气动阀和出油阀，拆下油罐车侧卸油胶管，使管内余油顺流至油罐内。

（2）回收余油时，承运人员重新连接卸油胶管，依次开启气动阀和油罐车出油阀，放仓内余油。重复此步骤，直至余油放净。

（3）承运人员关闭气动阀、油罐车出油阀和油气回收阀，卸油人员关闭油罐卸油阀和油气回收阀。

（4）双方关闭两侧油气回收阀，拆除并收好油气回收胶管。卸油人员拆除油罐侧卸油胶管，盖好卸油口的密封盖、收好防静电跨接线。若油罐车和油罐的油气回收接口均为顶压式，双方须同时拆除油罐车侧和油罐侧油气回收胶管；若油罐车和油罐的油气回收接口仅一端为非顶压式，须先关闭非顶压式一端油气回收阀，再依次拆除顶压式、非顶压式一端接口油气回收胶管。

（5）边卸边发站停止进货油罐对应加油枪加油，液位仪系统内进货油罐对应的加油枪图标全部变绿时，点击“结束卸油”，稳油倒计时 5min 自动取数后，点击“完成卸油”，并通知进货油罐对应加油枪恢复加油。

（6）打印地罐交接确认单，双方签字确认。

8. 卸后处理（器材归位，引车出站）

（1）卸油结束后，卸油人员有效施封。

（2）承运人员收起轮挡，卸油人员疏散周边人车，安全引导油罐车离站。

（3）卸油人员收起接卸用具，检查进货油罐人孔井内等有无跑冒油现象，油气回收装置是否正常工作，记录异常处理情况。

5.1.6.2 注意事项

1）如遇雷暴、龙卷风、台风、暴雨、高温、周边火情等影响卸油作业的情况时，要停止油品接卸。

2）卸油胶管和油气回收胶管不得从油罐车底部穿越，卸油人员和承运人员不得在油罐车底部穿越或停留。

3）不得携带手机，接卸操作均处于有效监控范围内；监卸人员选择合理的监卸点，宜在手提式干粉灭火器摆放处；卸油过程中，承运人员不得从事与卸油无关的操作。

4）严禁通过晃车等不安全方式回收余油。

5）登油罐车车顶检查，佩戴好安全帽，确认防跌落措施到位，并在登车后立即打开防护栏。

6）液位仪故障、无法使用或水高处于盲区时进行人工检尺计量。

7）因系统或其他原因，导致货到单未到或配送单实发数据错误，应及时上报中国石化相关管理部门。同时进行无货单验收操作，待正确配送单下发后，进行关联操作。

8）未经中国石化同意，严禁在液位仪系统不做进货验收操作或手工录入验收数据。

5.1.6.3 进货监管

1）品牌合作站进货须接受中国石化监管。品牌管理专员现场监督品牌合作站的进货接卸不低于 70%，因特殊情况未现场监督的，应通过视频回放进行监督。

2）若进货时，品牌管理专员在站，应在正式接卸前，仔细核对油品出库单上的发货单位、记账日期和时间、发油类型、提货（出库）单号、车 / 船号、商品名称、发货数量等关键项，确认该车来油确为我方发货、规定车辆在合理时间内配送，有不符合项，应立即叫停接卸，并报上级公司处理。若品牌管理专员不在站，应通过回放接卸视频复核上述事项，发现不符合项，应立即报上级公司处理。

5.1.7 盘点管理

油品盘点分为定期盘点和临时盘点。定期盘点分为月度、季度和年度盘点。临时盘点为中国石化随机对品牌合作站实地和远程盘点。对盘点较大差异进行分析并查明原因。

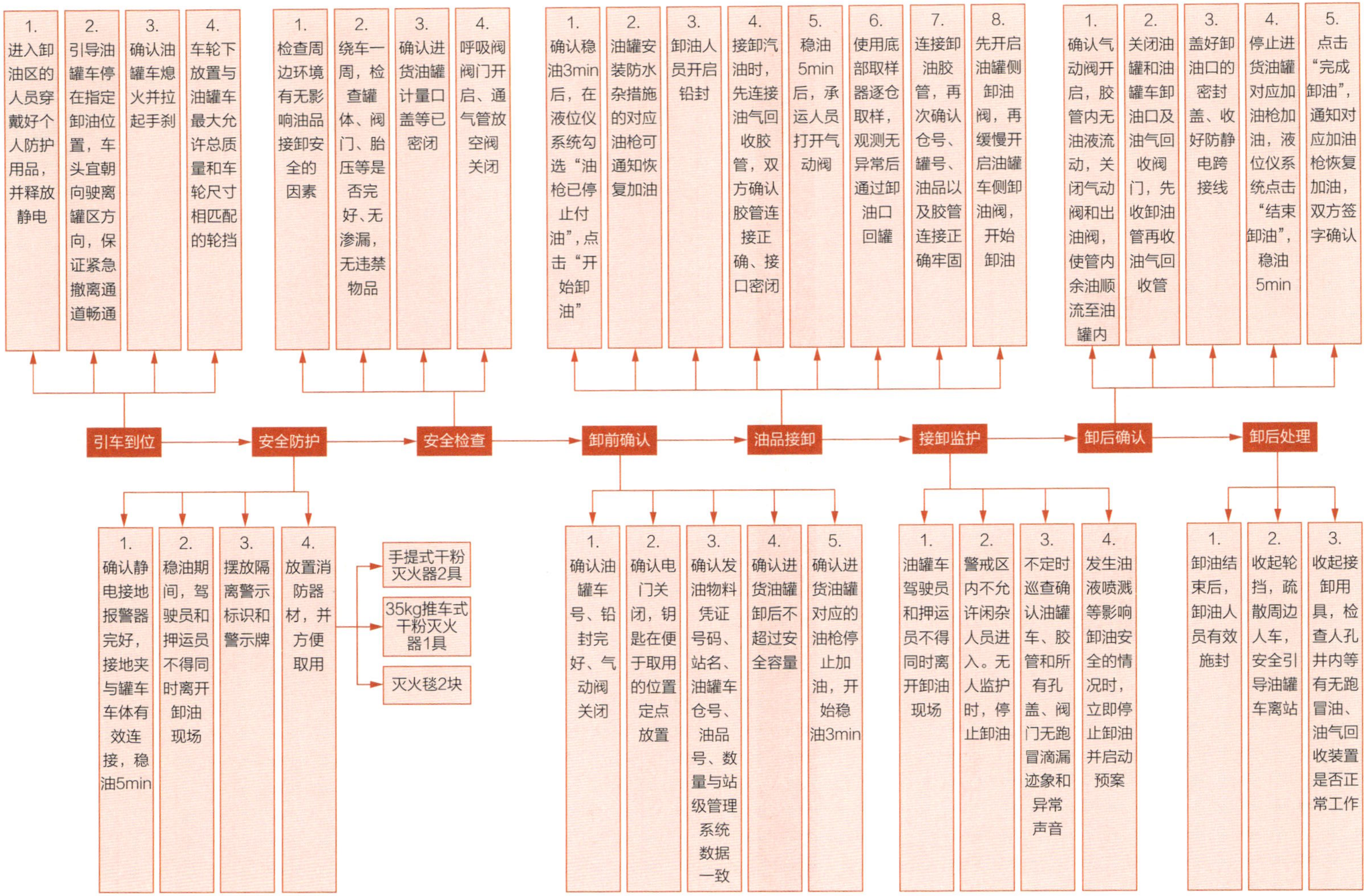

图 5.9　地罐交接卸油“八步法”操作流程

5.2 加气站数质量管理

5.2.1 天然气基本属性

5.2.1.1 基本物理性质

表 5.5 天然气基本物理性质

项 目	指 标
颜 色	无色
气 味	未处理的天然气有汽油味、有时有硫化氢气味；处理过的无味
毒 性	无毒
液态 / 气态膨胀系数 /（m^3/m^3）	625（15.5℃）
气相密度 /（kg/m^3）	（0℃，101.352kPa）0.7～0.75
液相密度 /（kg/m^3）	447
溶解性	微溶于水，溶于醇、乙醚
熔 点 /℃	−182
沸 点 /℃	−162（常压）
临界温度 /℃	-82.5
临界压力 /MPa	4.58
压缩因子	0.73~0.82

5.2.1.2 主要成分燃烧特性

表 5.6 天然气主要成分燃烧特性

特性数据		组分				
		甲烷	乙烷	丙烷	正丁烷	异丁烷
分子式		CH_4	C_2H_6	C_3H_8	n-C_4H_{10}	i-C_4H_{10}
爆炸极限 /%(体)	下限	5.0	2.0	2.1	1.86	1.8
	上限	15.0	13.0	9.5	8.41	8.44
着火温度 /℃		540	472	450	365	
自燃温度 /℃		595		480	441	544
燃烧温度 /℃		-182.5	-172.0	-189.9	-135.0	-145.0
最小点燃能 /mJ	空气中	0.2800	0.2400	0.2500	0.2500	0.5200
	氧气中	0.0027	0.0019	0.0021		
最大燃烧速度 /(cm/s)		38	42	43	38	38
燃烧理论空气量 /(m^3/m^3)		9.52	16.66	23.8	30.94	
燃烧耗氧量 /(m^3/m^3)		2.0	3.5	5.0	6.5	
燃烧理论烟气量 /(m^3/m^3)	CO_2	1.0	2.0	3.0	4.0	总量 33.52
	H_2O	2.0	3.0	4.0	5.0	
	N_2	7.52	13.16	18.80	24.44	
燃烧热值 /(kcal/m^3)	低	8570	15371	22256	29513	
	高	9510	16792	24172	31957	

5.2.1.3 安全属性

(1)爆炸极限(体积分数):5%~15%。

(2)闪点:50℃,引燃温度:538~650℃。

(3)最小点燃能:0.28mJ。

5.2.2 气源质量管理

5.2.2.1 气源的质量要求

(1)压缩天然气标准站的进站天然气应符合国家现行标准 GB 17820《天然气》中Ⅱ类气质要求。

（2）压缩天然气子站的进站天然气质量应符合现行国家标准 GB 18047《车用压缩天然气》要求。

（3）液化天然气品牌合作站的进站气质量应符合现行国家标准 GB/T 19204《液化天然气的一般特性》要求。

（4）液化石油气品牌合作站的进站气质量应符合现行国家标准 GB 19159《车用液化石油气》要求。

（5）进入品牌合作站的车载储气瓶组或槽车应提供气质报告，操作人员应按现行的国家标准进行确认，符合要求的方能进行接卸气作业。严禁不合格气体进入品牌合作站。

（6）压缩天然气标准站供应商应每半年提供气质报告，有条件的品牌合作站每半年对进站天然气进行一次全分析。

5.2.2.2 储存环节质量管理

（1）压缩天然气标准站应定期维护脱硫、脱水装置，确保装置功能完好，定期对压缩天然气进行水露点、硫含量检测，掌握生产运行过程中的气质情况。

（2）压缩天然气储罐、液化天然气储罐和液化石油气储罐均应定期排污。

（3）液化石油气储罐应定期进行开罐检查，对储罐内的残液、杂质、锈蚀物和附着物进行彻底清除，避免储存气受到污染。

5.2.2.3 销售环节质量管理

（1）压缩天然气标准站和子站定期按照现行国家标准 GB 18047《车用压缩天然气》分析方法，对出站产品取样检测，以保证销售气体质量合格。

（2）液化天然气和液化石油气品牌合作站定期委托有资质的第三方检测机构对出站产品取样检测，以保证销售气体质量合格，不定期对用户进行产品质量回访，及时了解质量动态。

5.2.3 计量设备管理

（1）品牌合作站所用计量设备应选用国家准许生产和进口的产品。计量设备在投运前和使用中，应按《中华人民共和国计量法》的规定进行强制首次检定和周期检定，并取得检定合格证书。

（2）CNG 加气机应符合 JJG 996—2012《压缩天然气加气机检定规程》的要求，最大允许误差 ±1.0%，重复性不超过 0.5%；LNG 加气机应符合 JJG 1114—2015《液化天然气加气机检定规程》的要求，最大允许误差 ±1.5%，重复性不超过 0.5%。检定合格的加气机需规范张贴技术监督部门颁发的“检定合格”标志。加气机精度超差应立即停用，报上级处理。

（3）质量流量计、电子计控器、流量系数调整键盘接口处必须进行铅封管理，建立铅封档案，若出现铅封脱落等情况要及时上报处理。除政府职能部门外，任何人不得擅自拆除铅封，调整加气机计量参数。

（4）加气机的检定周期一般不超过 6 个月。

图 5.10　加气机质量流量计、流量系数调整键盘接口处铅封

5.2.4　进货管理

（1）通过电子车辆衡静态或质量流量计动态计量验收，其电子车辆衡准确度等级不应低于Ⅲ级，质量流量计准确度等级不应低于Ⅰ级。以加工厂实发质量或品牌合作站实收质量作为计量交接的依据。为保证电子车辆衡或质量流量计计量准确，须对其进行定期强检。

（2）进货损耗计算如下：

进货损耗量 = 发货量 − 收货量

损耗率 = 进货损耗量 / 发货量 ×100%

若进货后损耗异常，必须第一时间与承运方核对，查明原因。

（3）按双方约定定额损耗率交接。如进液损耗率超过双方约定的损耗率，则应及时向供气方索赔，索赔量 = 发货量 − 实收量 − 计量允差。

（4）为确保槽车卸净，可采取以下措施：

①可通过排气等方式，来保证槽车压力大于储罐压力。

②通过调节槽车进液阀控制流量。

③卸液后半段不能停止。

5.2.5 销售管理

（1）做好每车次核对和盘存，发现损耗异常，及时申请检定加气机。

（2）零售损耗计算如下：

零售损耗量 = 上期账存 + 本期进货 − 本期报损 − 本期销售 − 实际盘点库存

损耗率 = 零售损耗量 / 零售量 ×100%。

（3）加气机出现故障，应立即停用并报修。

（4）加气机每次检定（或校准）应记录检定误差数据，存档保管。使用验泵卡检定，详细记录前后累计走字数，登记在销售日报，报中国石化相关部门备存。

5.2.6 库存管理

（1）压缩天然气损耗宜控制在 ±3% 以内，液化天然气损耗宜控制在 ±5% 以内，液化石油气损耗宜控制在 ±0.5% 以内。

（2）压缩天然气标准站应每日进行输入气量与售出气量的比对，计算输差和损耗量。

（3）压缩天然气子站应对进站的每台车载储气瓶进行盘点，根据随车送货单进行验收，记录开始和结束时的压力、温度，计算出每车的卸车量和损耗量。

（4）液化天然气和液化石油气品牌合作站应对储罐进行标定，每日进行储罐存量盘点，通过标定的容积、压力、温度、组分、密度和密度修正系数、容积修正系数计算储罐存量，进行进销存量比对，计算出损耗量。

（5）品牌合作站每日或每班出现异常损耗，要及时分析并查明原因。

（6）品牌合作站按月出具保管盘点损耗报表，对当期损耗做出定量分析，从进货运输、卸气、放散损失、加气机误差、储罐误差等方面明确损耗发生的环节和损耗量。

5.2.7 争议处理

加气机（流量表）出现乱码等故障时，应立即停止加气，向客户致歉并说明原因，报站经理解决。站经理与客户协商，同时上报合作方妥善处理。

第6章

设备管理

6.1 加油机

加能站设备按其使用性质来划分一般分为加油设备、加气设备、充（换）电设备、储存设备、电气设备、消防设备和监控设备。

加油机的结构主要分为三个模块，即液压模块、电控模块和付油模块。

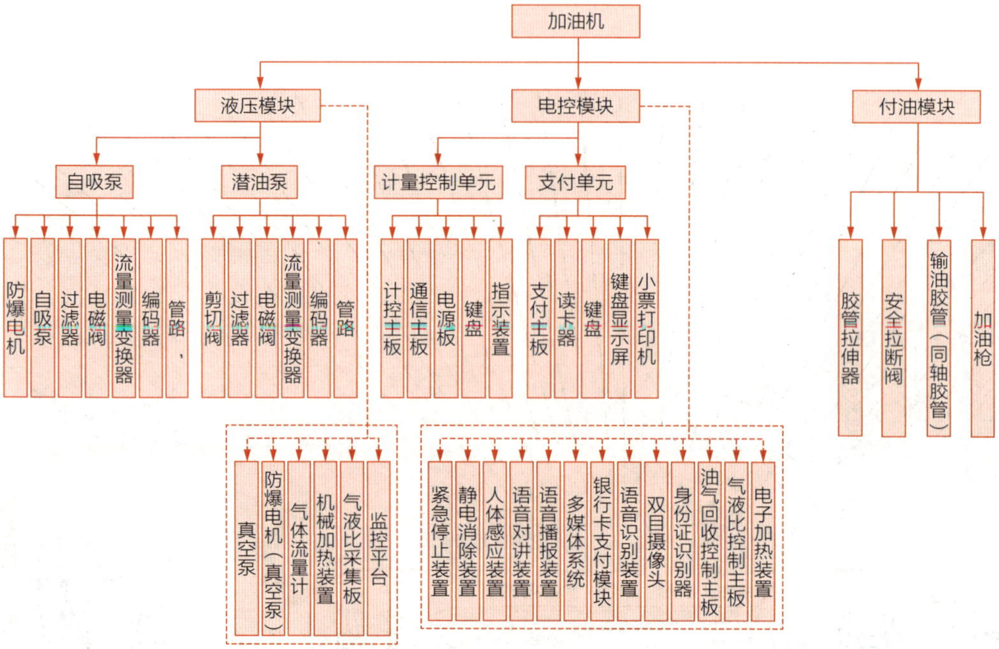

图 6.1　加油机结构模块

6.1.1　分类

按供油压力分类，加油机可分为负压式和正压式，即自吸泵加油机和潜油泵加油机。

6.1.1.1　自吸泵加油机

自吸泵加油机主要由机架、外壳、防爆电机、油泵、油气分离器、流量测量变换器、防爆编码器、电磁阀、视油器、导静电输油胶管、加油枪、防爆接线盒、税控微机计数器和键盘等组成。提起加油枪或按“加油”键，开机信号送入税控微机计数器，税控微机计数器发出指令将加油机显示清零，同时启动防爆电机、打开电磁阀，防爆电机带动油泵将油吸入泵内，增压后送入油气分离器进行油气分离，气体被排出机外，油则进入流量测量变换器推动活塞做往复运动。流量测量变换器带动防爆编码器中的码盘，产生脉冲信号，送入税控微机计数器。流量测量变换器活塞每完成一个循环即通过了一定固定体积的油，防爆编码器则输出相应数量的脉冲信号，送入税控微机计数器进行运算显示，实现输出油量的计量和控制。经过计量的油通过电磁阀、导静电输油胶管，由加油枪向机外受油容器供油。

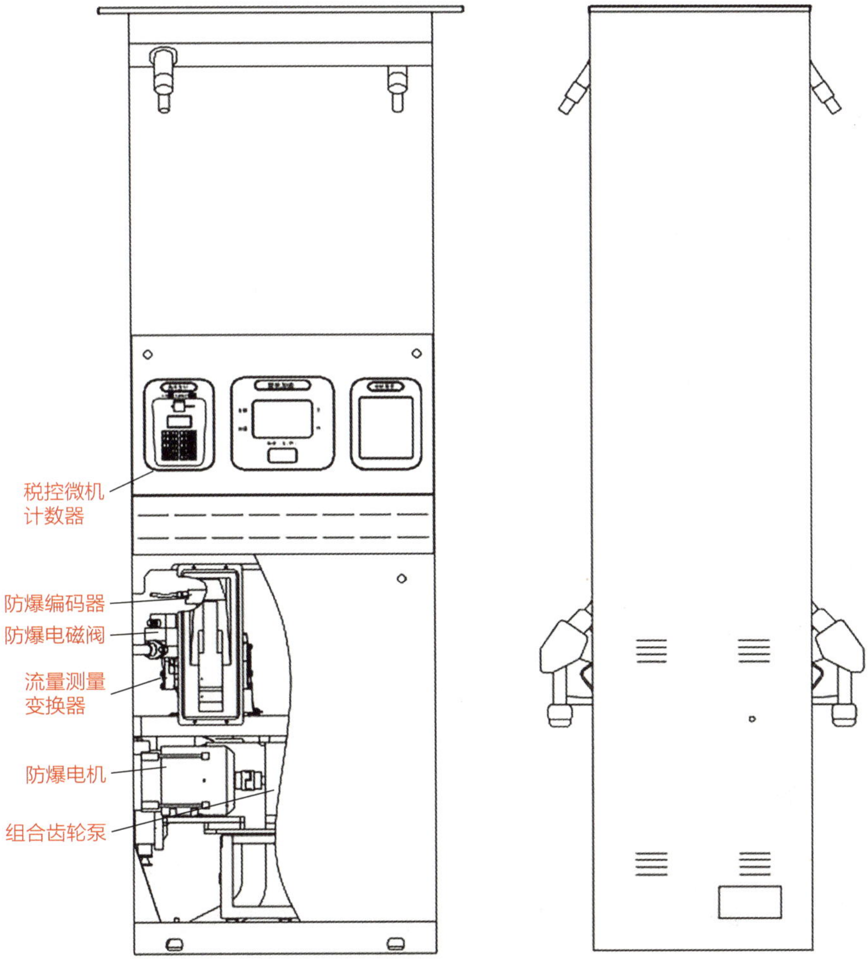

图 6.2 自吸泵加油机

6.1.1.2 潜油泵加油机

潜油泵压送地下储油罐的油，进入流量测量变换器，经电磁阀及加油枪加出。流量测量变换器输出轴的角位移量经编码器转换成相应的电脉冲信号，由电子计数指示装置显示所输燃油的累计体积量。潜油泵加油机的泵源设在储油罐的油中，可向多台流量测量变换器送油，再经加油枪加出，计数指示装置同自吸泵加油机。

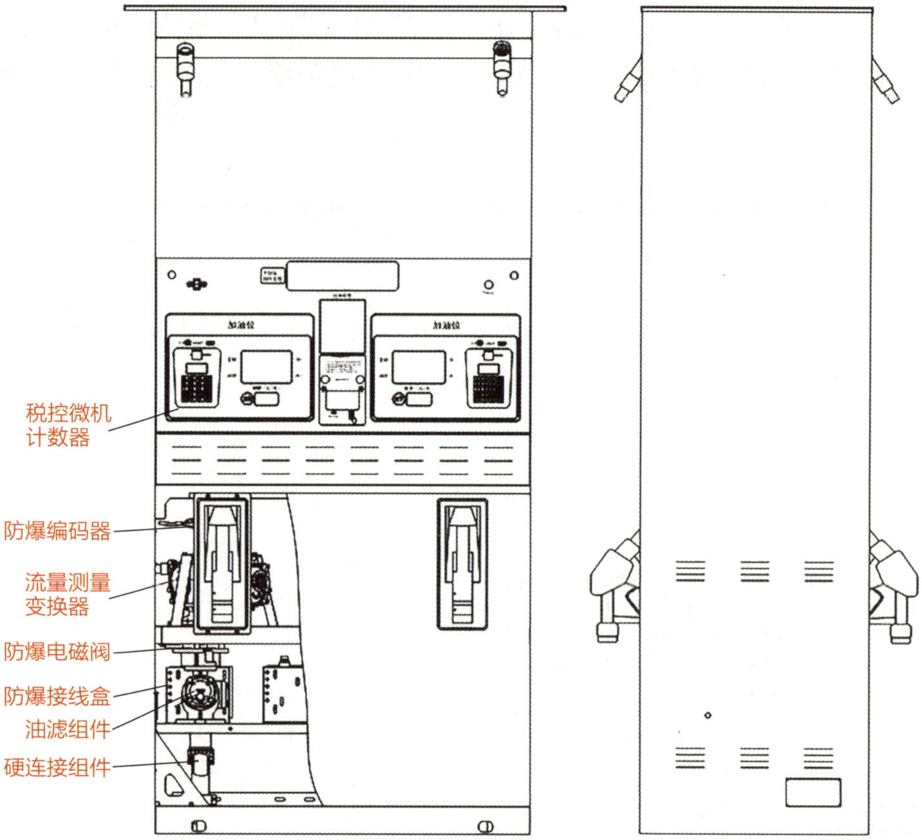

图 6.3　潜油泵加油机

6.1.2 加油枪

加油机的终端部件，用于油品加注，须具备无压自封功能，即加油枪在容器加满或跌落时能自动封闭。油气回收加油枪增加了气路及控制阀门和同轴双层枪管。

图 6.4　非油气回收加油枪

图 6.5　油气回收加油枪

6.1.3　胶管

胶管为传输油品的专用软管，静电导通合规；油气回收胶管为反向同轴胶管，其中内管为气路，外管为油路。

图 6.6　普通胶管

图 6.7　油气回收胶管

6.1.4　拉断阀

拉断阀由紧密相连的 2 个背靠背的单向阀组合而成，当加油机加油管受到足够大的外力拉伸时，阀体会从内部单向阀处脱离，脱离后两端的阀芯会自动关闭，将两端的油路及气路关闭。

图 6.8　普通拉断阀

图 6.9　油气回收拉断阀

6.1.5 电子部件

电子部件包括主板、显示板、电源板、键盘、通信板等，是一套装有加油机应用软件的小型微机系统，具有计数、运算、通信和控制功能，是加油机的控制中枢。

（a）主板

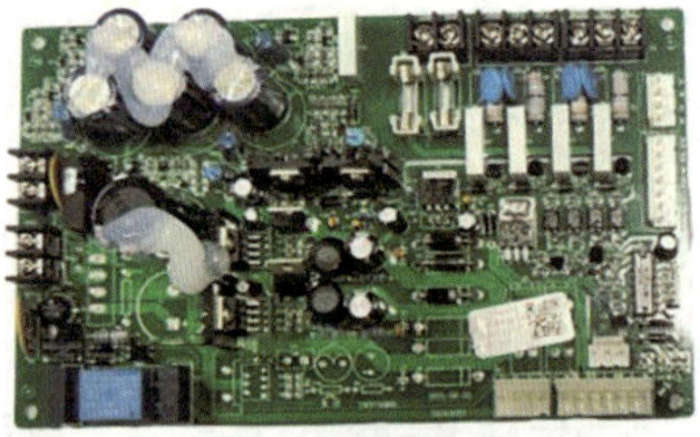

（b）电源板

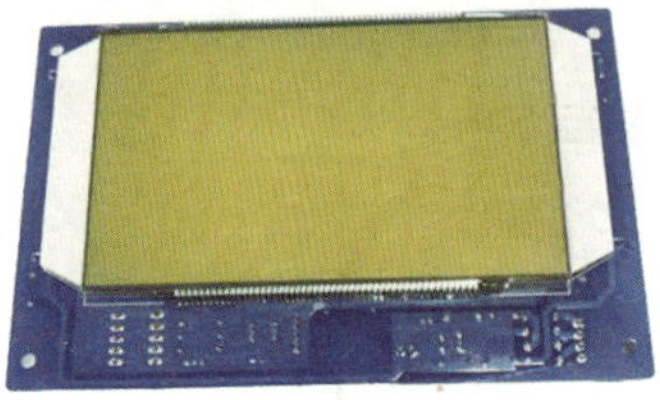

（c）显示板

（d）键盘

（e）通信板

图 6.10 电子部件

6.1.6 流量计

流量计是将输出的油料体积量转化为流量计传动轴的角位移量的装置。

（a）金属活塞式流量计

（b）皮碗活塞式流量计

图 6.11 流量计

6.1.7 编码器

编码器是将流量计传动轴的角位移量转换为脉冲数，与流量计共同将输出油料体积量转换为脉冲数，供电控模块进行运算、存储和显示的装置。

（a）光电编码器

（b）磁编码器

图 6.12　编码器

6.1.8　电磁阀

电磁阀是控制油路开关并通过消除过冲量提高计量准确度的装置。

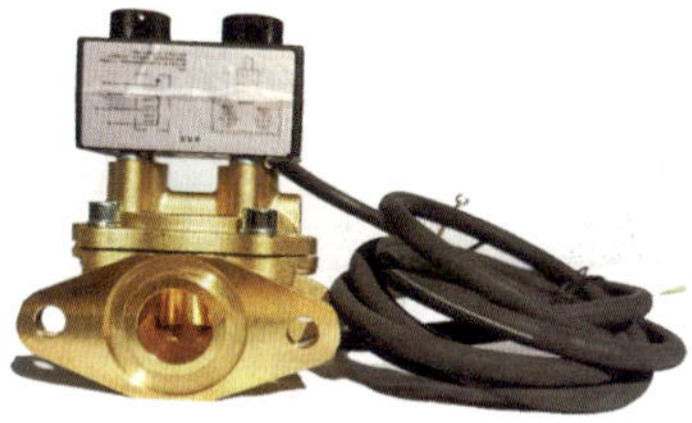

（a）电磁阀实物图

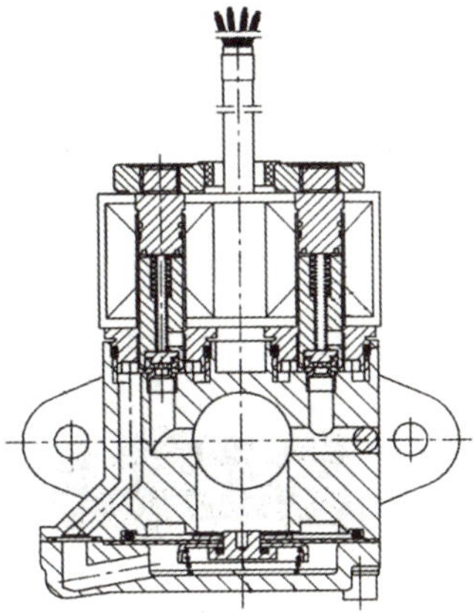

（b）电磁阀剖面图

图 6.13　电磁阀

6.1.9　自吸泵

自吸泵是将机械能转换为油料的压力能，把油罐中的油料吸上来并以一定的压力和流量排出，为加油机输送平稳油料的装置。

（a）叶片泵

（b）齿轮泵

（c）直连齿轮泵

图 6.14　自吸泵

6.1.10 剪切阀

剪切阀是潜油泵加油机附件，当加油机被撞倒时，剪切阀阀芯自动关闭，切断油路。

（a）实物图　（b）剖面图　（c）安装图

图 6.15 剪切阀

6.1.11 读卡器

读卡器用于加油卡的读、写等操作。

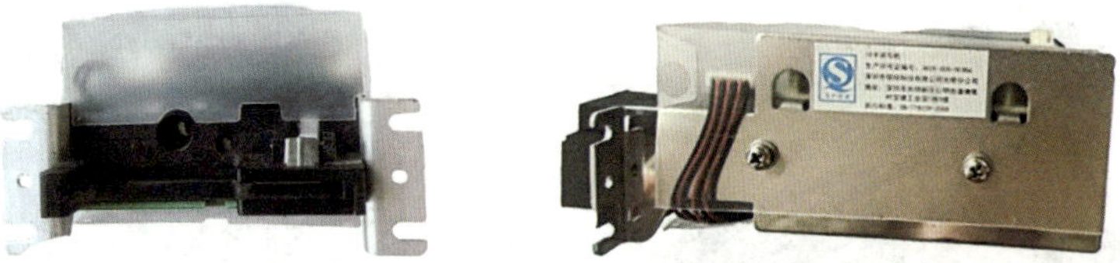

（a）读卡器正面　（b）读卡器侧面

图 6.16 读卡器

加油机常见故障及解决办法，详见附件 2。

6.2 加气机

加气机是为机动车充装天然气，并具备计量和计价功能的加气设备，主要由加气枪、加气软管等部件组成。

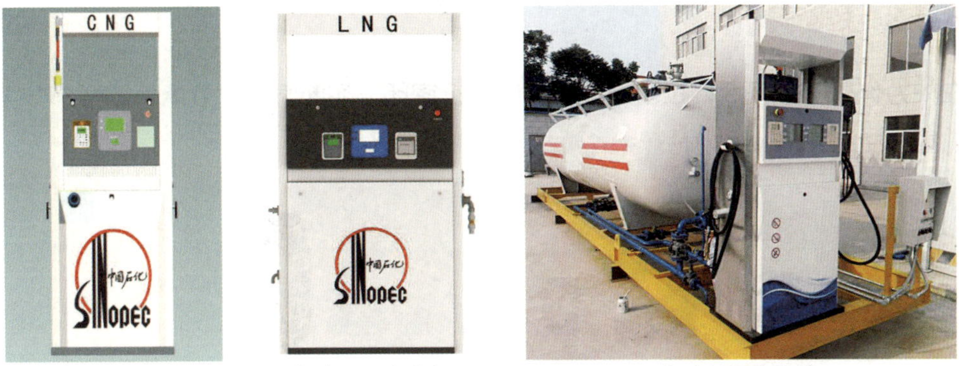

（a）CNG 加气机　（b）LNG 加气机　（c）LPG 加气机

图 6.17　三种加气机

6.2.1　加气枪

配备一把以上加气枪的加气机，应标明加气枪的枪号。

（a）CNG 加气枪头　（b）LNG 加气枪　（c）LPG 加气枪

图 6.18　三种加气枪

6.2.2　加气软管

加气软管具有抗天然气腐蚀的性能，长度不大于 6m，静电导通合规。

（a）CNG 加气软管　（b）LNG 加气软管

图 6.19　加气软管

6.2.3 拉断阀

在外力作用下分开后，拉断阀两端立即自行密闭、切断气路。分离后的两部分可重新连接、重复使用。

（a）CNG 拉断阀

（b）LNG 拉断阀

图 6.20 拉断阀

6.2.4 安全阀

安全阀是安装于加气机管道上的一种特殊阀门，通常启闭件在外力作用下处于关闭状态。当设备或管道内的介质压力升高，超过规定值时，安全阀启闭件就会打开，将设备或管道内的一部分介质排出，使设备或管道系统压力不超过其允许值，从而保证设备或管道不因压力过高而发生事故。

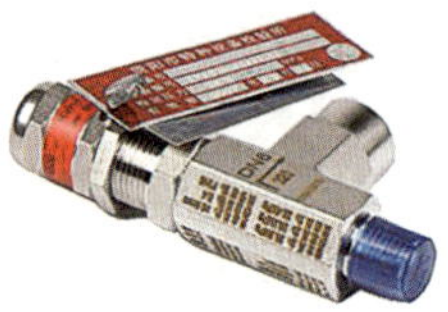

（a）CNG 安全阀

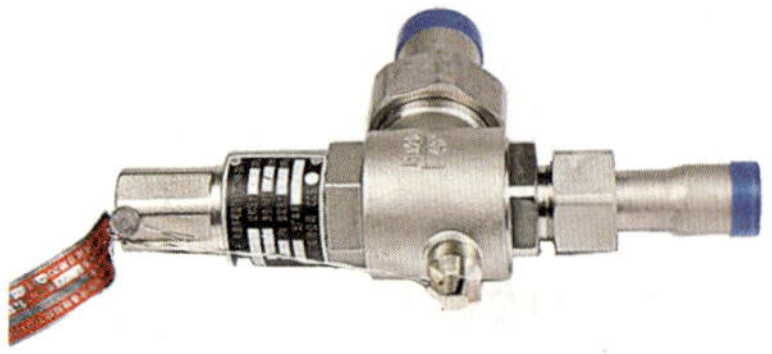

（b）LNG 安全阀

图 6.21 安全阀

6.2.5 气体过滤器

气体过滤器设置于加气机的管道进口处，用于过滤天然气中颗粒直径较大的固体杂质。

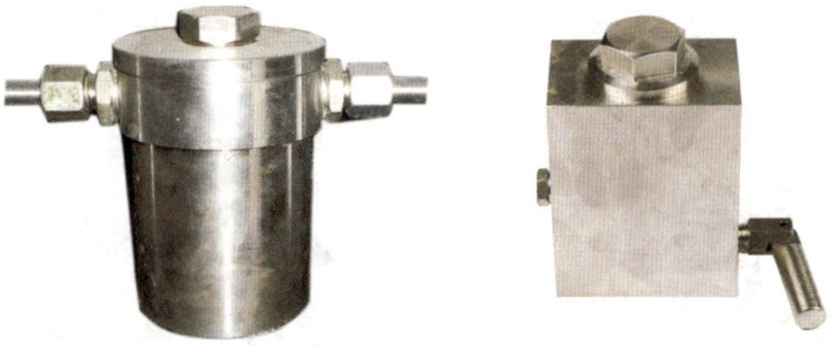

图 6.22 气体过滤器

6.2.6 电磁阀

电磁阀安装于加气机的上游管道，可自动控制气体或液体通断。

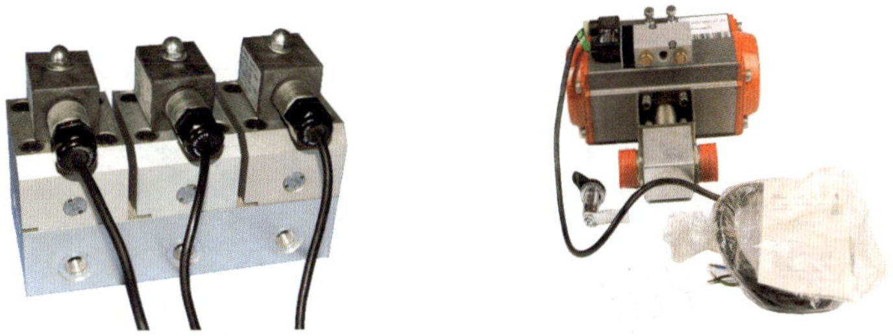

图 6.23 电磁阀

6.2.7 紧急切断阀

紧急切断阀安装于加气机上游管道的显著位置，紧急状况下，可通过人工操作或远程自动快速切断气源。

（a）CNG 紧急切断阀　（b）LNG 紧急切断阀

图 6.24 紧急切断阀

6.2.8 质量流量计

能够直接测量通过其传感器的流体的质量流量。质量流量计应符合国家检定规程规定的技术条件和安装的技术条件，经过合法检定，有检定证书。质量流量计应有有效检定的合格标志，贴在流量计的相应位置上并有铅封或封签，在检定有效期内使用。

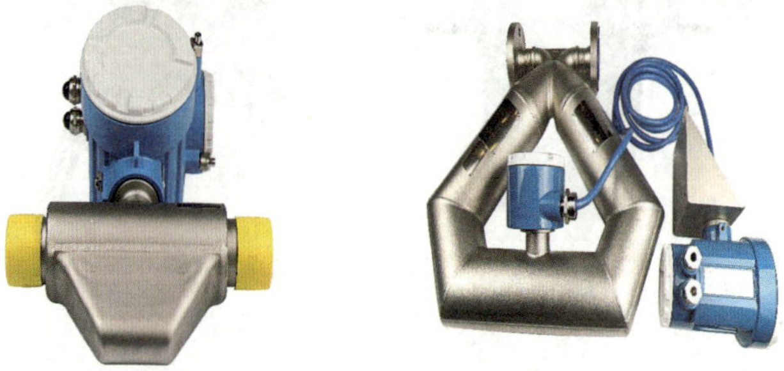

（a）CNG 质量流量计　　（b）LNG 质量流量计

图 6.25　质量流量计

6.2.9　压力传感器

压力传感器安装于加气机管道出口处，检测管道出口处的压力，保证当储气瓶的充装压力达到终止压力时，加气机能自动停止充装。

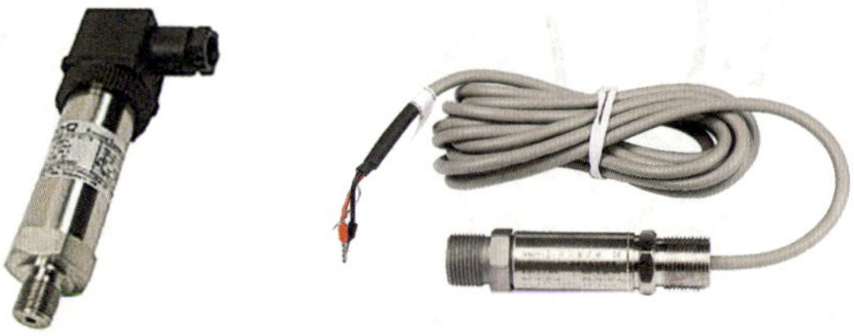

图 6.26　压力传感器

6.2.10　电子计控器

电子计控器接收质量流量计传输来的流量信号和压力传感器传来的压力信号，并按照预设的参数，进行运算、显示和控制。

图 6.27　电控主板

6.2.11 压力表

压力表安装于加气机管道上，用以检测管道中的压力。

图 6.28 压力表

6.3 储油设备

储油设备主要包括储油罐、管线、操作井、观测井，以及人孔、通气管、阻火器、量油孔、双门底阀等附件。

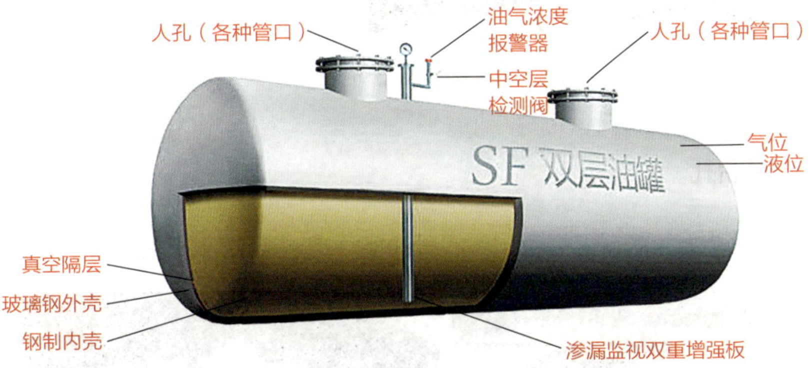

图 6.29 储油罐

6.3.1 人孔

人孔位于油罐顶部，主要用于维修人员修理油罐内部进出及通风排气。

图 6.30 储油罐人孔

6.3.2 通气管

由人孔盖引出，每个罐都有单独的通气管，顶部安装带有阻火功能的呼吸阀，能阻止外部火焰通过通气管进入油罐。

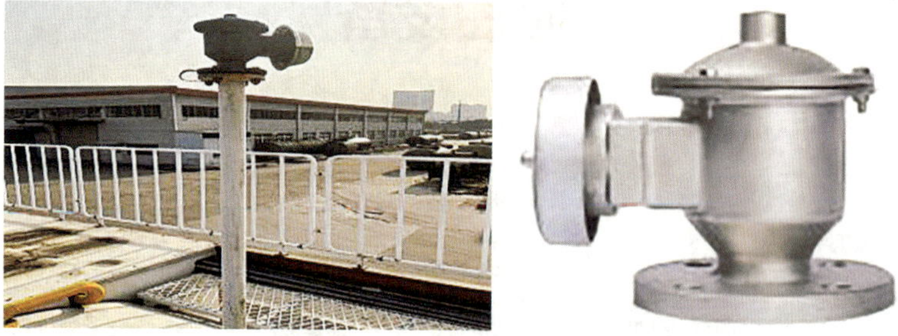

图 6.31 储油罐通气管

6.3.3 量油孔

量油孔位于人孔上，内有铝合金制作的量油槽，量油尺应沿量油槽下滑，以防产生火花。

图 6.32 储油罐量油孔

6.3.4 双门底阀

双门底阀安装在油罐内出油管的底部，当加油机不付油时，阻止油品从管道和加油机回流到油罐内。

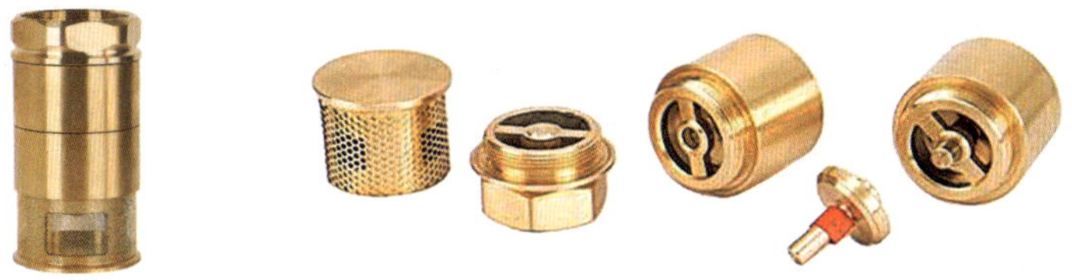

（a）双门底阀实物图　　（b）双门底阀分解图

图 6.33　双门底阀

6.4 消防设备

6.4.1 消防器材

加能站配备的消防器材主要有干粉灭火器、二氧化碳灭火器、泡沫灭火器、灭火毯和消防沙等。

（a）手提式干粉灭火器　（b）推车式干粉灭火器　（c）二氧化碳灭火器　（d）灭火毯

图 6.34　消防器材

6.4.2 适用火灾类型

干粉灭火器适用于扑救可燃液体、气体、电气火灾以及不宜用水扑救的火灾；二氧化碳灭火器适用于扑救 600V 以下电气设备、精密仪器、图书、档案的火灾，以及范围不大的油类、气体和一些不能用水扑救的物质的火灾；泡沫灭火器适用于木材、棉、麻、纸张等固体火灾，也能扑救石油制品、油脂等一般类火灾，但不能扑救醇、酯、醚、酮等水溶性可燃、易燃液体的火灾。

6.4.3 使用方法

（1）手提式干粉灭火器。提取灭火器，上下颠倒两次让干粉松动，去掉铅封，拔掉保险销，一只手握着喷管，另一只手提着压把，在距火焰 2m 的地方，站在上风口或侧风方向，用力压下压把，手持喷管喷射干粉，由近及远，左右横扫，向前推进，不让火焰回窜。在扑救流散可燃液体火灾时，要对准火焰根部，由近及远，水平扫射，直到火焰被扑灭为止。在扑救用容器盛装的可燃液体火灾时，不要将喷嘴直接对准液面喷射，而应从容器侧面对准火焰根部水平扫射，以防火势扩大，造成扑救困难。干粉灭火器在使用时应始终直立，不能横卧或颠倒。

（2）推车式干粉灭火器。一般由两人配合操作，使用前将推车摇动数次，防止干粉长时间放置后发生沉积，影响灭火效果。两人一起将灭火器推或拉到燃烧处，在离着火点 10m 左右停下。一人拔出保险销，打开筒体阀门，另一人取下喷枪，展开喷射软管（软管不能弯折或绕圈），一只手握住喷枪枪管，另一只手用力钩住扳机，对准火焰根部，扫射推进，注意死角，防止复燃。

（3）手提式二氧化碳灭火器。将灭火器提至起火点，站在上风口或侧风方向，尽量靠近火源（2~3m），一只手抓住灭火器喇叭筒的根部，另一只手拔掉保险销后将手放在压把处，将喇叭筒向上扳 70°～90°。在扑救流散可燃液体火灾时，要由近及远向火焰喷射，当火灾面积较大时，要横向摆动喷嘴扫射；在扑救容器内火灾时，应从容器上部的一侧向容器内喷射，但不要让二氧化碳冲击到液面，以免液体冲出容器而使火灾扩大。全过程应保持灭火器的直立状态；不能将手接触喷嘴或金属管，以防被冻伤；当室内空间狭小时，火被扑灭后，要迅速撤离，以防中毒或窒息。

（4）手提式泡沫灭火器。拿取灭火器时不可横放，以免泡沫提前喷射，在距离火源 10m 左右，站在上风口或侧风方向，颠倒持住灭火器，一只手按住瓶底，另一只手紧握提环进行灭火。在扑救固体火灾时，应将喷嘴对准燃烧最猛烈处喷射；在扑救容器油品火灾时，应将泡沫喷射到容器内壁上，使泡沫顺容器壁流下，平行流动覆盖在油面上；在扑救流散油品火灾时，应对准火焰根部，由近及远扫射。药液须一次性用完，切勿中途堵住喷嘴，否则易发生爆裂事故。

6.4.4 配备标准

（1）每 2 台加气机应配置不少于 2 具 5kg 手提式干粉灭火器，加气机不足 2 台应按 2 台配置。

（2）每 2 台加油机应配置不少于 2 具 5kg 手提式干粉灭火器或 1 具 5kg 手提式干粉灭火器和 1 具 6L 泡沫灭火器，加油机不足 2 台应按 2 台配置。

（3）地上 LPG 储罐、地上 LNG 储罐、地下和半地下 LNG 储罐、CNG 储气设施，应配置 2 台不小于 35kg 推车式干粉灭火器，当两种介质储罐之间的距离超过 15m 时，应分别配置。

（4）地下储罐应配置 1 台不小于 35kg 推车式干粉灭火器，当两种介质储罐之间的距离超过 15m 时，应分别配置。

（5）LPG 泵、LNG 泵、压缩机操作间（棚、箱），应按建筑面积每 $50m^2$ 配置不少于 2 具 5kg 手提式干粉灭火器。

（6）一级、二级加油站应配置灭火毯 5 块、沙子 $2m^3$；三级加油站应配置灭火毯不少于 2 块、沙子 $2m^3$。加油加气合建站按同级别的加油站配置灭火毯和沙子。

6.5 电气设备

6.5.1 设备分类

加能站电气设备主要有配电柜（盘）、发电机、变压器、防雷防静电检测点等。

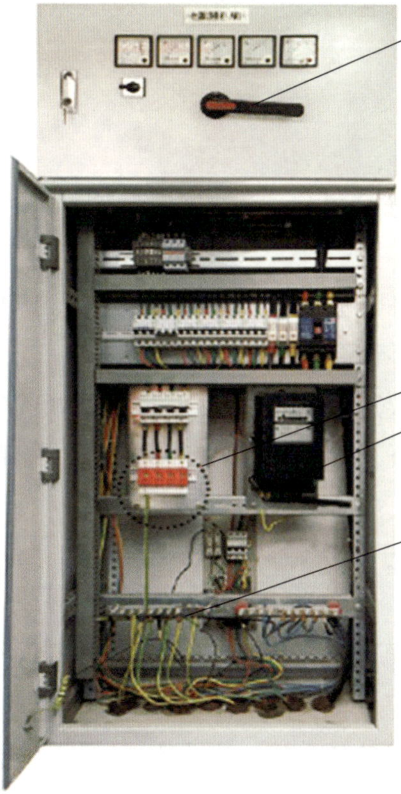

图 6.35　配电柜

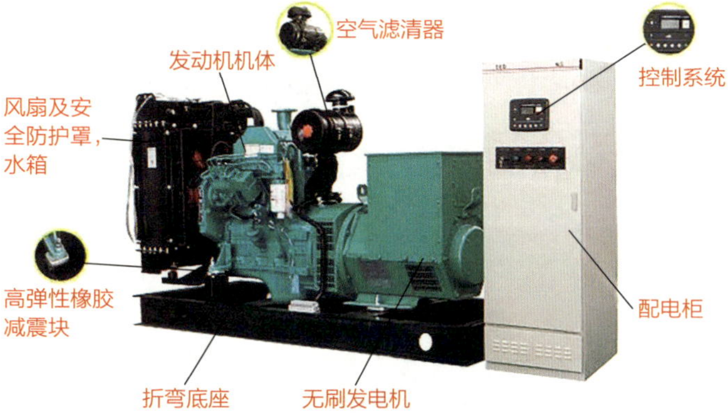

图 6.36　发电机

图 6.37　变压器

（a）接地检测点

说明：当利用混凝土内的焊接钢筋作为引下线，并同时采用基础钢筋作为接地体时，可不设断接卡，但应在室内外的适当地点设接地检测点。

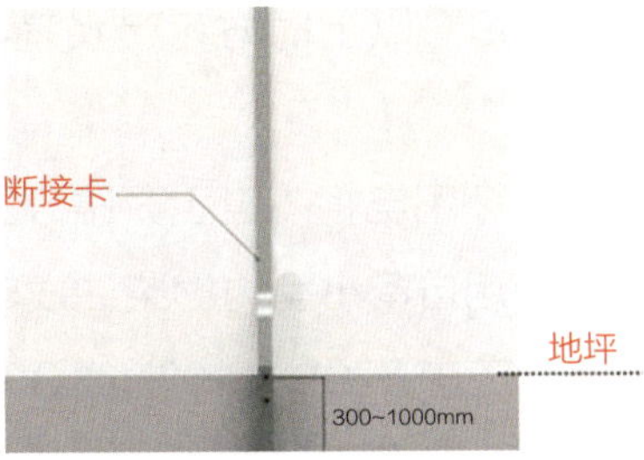

（b）断接卡

说明：当利用混凝土内的钢筋作引下线，与接地网或独立接地体连接时应设断接卡。

图 6.38　防雷防静电检测点

6.5.2　配电柜（盘）

一次入户的配电柜（盘）下应配置绝缘胶垫；各部件连接螺栓坚固可靠，漏电保护、超压和欠压保护、限流保护、避雷器、接地等保护装置完好有效；各类指示灯及电压正常，应急灯完好；配、发电室门应印有或设置“有电危险”或“当心触电”警告标识；配电柜有刀闸开关处应贴挂“正常运行，禁止断闸”“当心触电”标识牌；其他配电柜（箱）门上应张贴“当心触电”安全警示标识。其中电气设备在维修时，配电箱断开工作回路的开关上悬挂“严禁合闸”等警示牌。电气故障排查应由专业人员实施。

6.5.3　发电机组

发电机组是加能站的备用电源，以燃烧燃油换取电能的一种补充供电方式。加能站配备的发电机组大多数以柴油机作为原动机，再通过联轴器与发电机相连接，用底盘将其结合成为机组。一般按照“准备→启动→送电→运行监护→停机”五个步骤操作。

（1）准备。查看机组仪表是否完好正常，电源输出开关是否关闭，冷却水、燃油和润滑油是否充足；拔出机油针，观察机油在上、下刻度线之间为最佳；蓄电池每格酸液都应该在最低线和最高线之间，蓄电池的接线完好牢固。

（2）启动。将原动机油门拉至略大于怠速位置。电启动机组每次启动的时间在 10s 内，与第二次启动间隔 2min；手摇机组须使用减压阀。冬季启动时，宜采用启动喷雾或加热、预热的办法来配合。机组运转后机油压力在 0.2MPa 以上（手摇机组有浮标指示），充电指示在 15A 左右；怠速运行 2～3min 后将转速逐步提高，使频率指示至 50Hz 后锁紧油门，再调整励磁电压（手动或自动），观察电压指示在 380～400V 即可；待永动机水温指示到 60℃以上时方可带负荷，合上机组电源输出开关，禁止带负荷调整油门。

（3）送电。先关闭配电柜（盘）分路开关，再将总闸切换至“发电”挡位，然后逐个合上分路开关。在使用自备小型内燃柴油发电机组时，须等到发电机组运转平稳后再向加能机供电，并保证电压在 220V ± 10% 或 380V ± 10% 范围内，以免发电机启动时的高峰值电压烧坏加能机电脑元件。

（4）运行监护。每 20min 对发电机组巡查一次；观察仪表指示是否正常，要保证输出电压为额定值，频率为 50Hz；观察电刷与滑环间有无强烈火花；发电机温度是否超额定值；排烟颜色是否正常；注意发电机组金属敲击声和轴承声有无异常。

（5）停机。关闭分路，将总闸切换至“市电”挡位，合上分路开关，观察用电设备是否正常。验证供电正常后，可关闭发电机组电源输出开关，降低原动机转速至怠速，待水温降至 70℃以下时，可搬动减压阀或关闭油门停车。

6.5.4 变压器

利用电磁感应的原理来改变交流电压的装置，主要构件是初级线圈、次级线圈和铁芯（磁芯），具备电压变换、电流变换、阻抗变换、隔离、稳压（磁饱和变压器）等功能。

6.5.5 防雷防静电检测点

（1）具体位置。防雷防静电检测点设置在站房、油罐、卸油口、罩棚、立柱、加油机、发电机、配电柜（盘）及其他电气设备的保护接地部位。

（2）阻值要求。防雷接地、防静电接地、电气设备工作接地、保护接地以及信息系统宜共用接地，接地电阻不大于 4Ω；地上或管沟敷设的油品管道、LPG 管道、LNG 管道、CNG 管道、氢气管道和液氢管道，其接地电阻不大于 30Ω；防静电接地装置的接地电阻不大于 100Ω。各自单独设置接地装置的，油罐防雷接地装置的接地、配线电缆金属外皮两端和保护钢管两端的接地装置的接地，其阻值不大于 10Ω。

（3）检测周期。防雷防静电的接地装置每半年检测一次，由具备资质的单位具体实施并出具检测报告。

6.6

油气回收设备

6.6.1 系统简介

油气回收系统由一次油气回收系统（卸油油气回收系统）、二次油气回收系统（加油油气回收系统）、三次油气回收系统（油气回收处理装置）、在线监测系统组成。通过相关工艺，将加能站在卸油、储油和加油过程中产生的油气进行密闭收集、储存和回收处理，抑制油气无组织排放，达到保护环境及客户、员工身体健康的目的。

6.6.2 工作原理和组件

（1）一次油气回收。通过压力平衡原理，将在卸油过程中挥发的油气收集到油罐车内，运回油库进行油气回收处理的过程。主要的设备有油罐车、油罐车油气回收口、油气回收胶管及快速接头。

（2）二次油气回收。采用真空辅助式油气回收设备，将在加油过程中挥发的油气，通过油气回收管线收集到地下储罐内的过程。主要设备有油气回收加油枪、真空泵、油气回收铜管线、集液器、带阻火功能的呼吸阀等。

（3）三次油气回收。通过吸附、吸收、冷凝、膜分离等方法，对油罐内超过规定压力限值时需要排放的部分油气，进行回收处理。当油罐压力上升至 150Pa

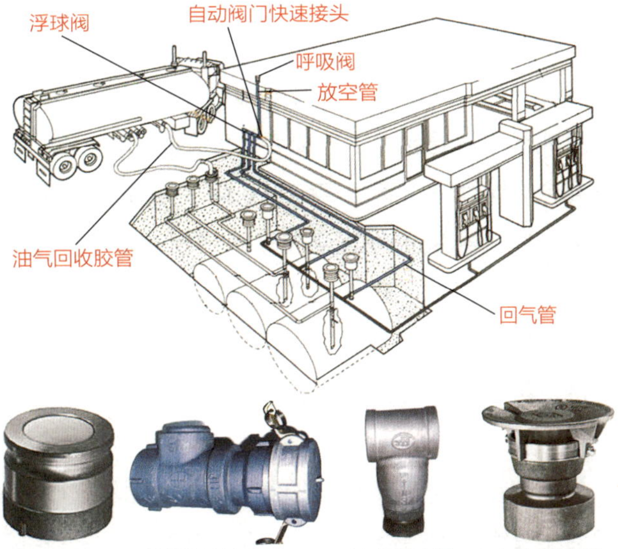

（a）回气管线快速接头　（b）浮球阀　（c）呼吸阀

图 6.39　一次油气回收原理及主要组件

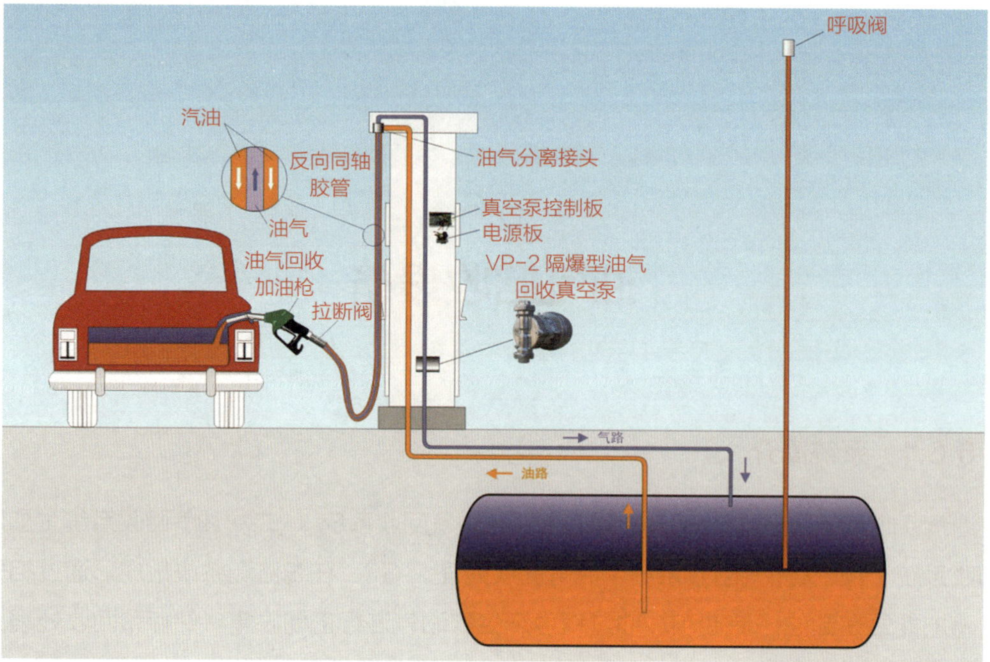

（a）变频真空泵　（b）油气回收拉断阀　（c）油气回收加油枪　（d）反向同轴胶管

图 6.40　二次油气回收系统及组件

时，监测油罐的压力传感器会启动主机，压缩机从储油罐中抽油气混合物，油气被压缩导致温度升高。温度升高的油气通过冷却器，变为油气混合物和液体汽油，进入分离器，液体汽油从油气混合物中分离后，暂存在分离器中等待后续的排液并回流至油罐，剩下的油气混合物继续进入膜分离装置。膜分离装置一侧为正压，另一侧为真空。当碳氢化合物分子通过膜分离装置时，会被吸附在膜材料中，空气分子被膜表面所排斥，作为干净空气从主机中被释放出来。正压侧与真空侧之间的压力差使碳氢化合物分子被抽过膜分离装置，真空泵将超饱和油气返回至油罐。当油罐压力低于 50Pa 时，主机会自动关闭，处于待机状态，直到压力再次升高。然后，分离器的阀门打开，将储存的液体汽油排放回地下罐。

（4）在线监测系统。在线监测二次油气回收过程中的气液比，以及油气回收系统的密闭性和管线液阻是否正常，发现异常时，将进行提示，并记录、存储、处理和传输监测数据。主要的设备有气体流量传感器、气液比采集板、油气回收控制板、压力传感器、浓度传感器、在线监控后台等。

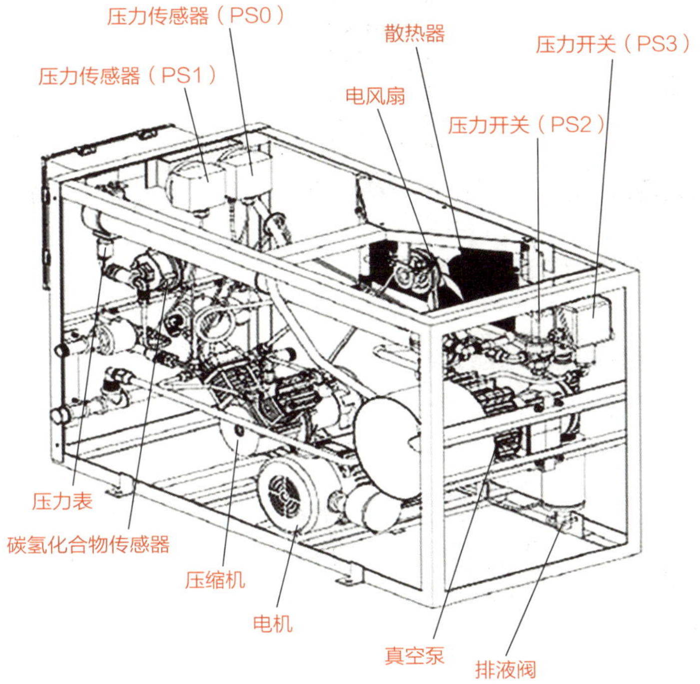

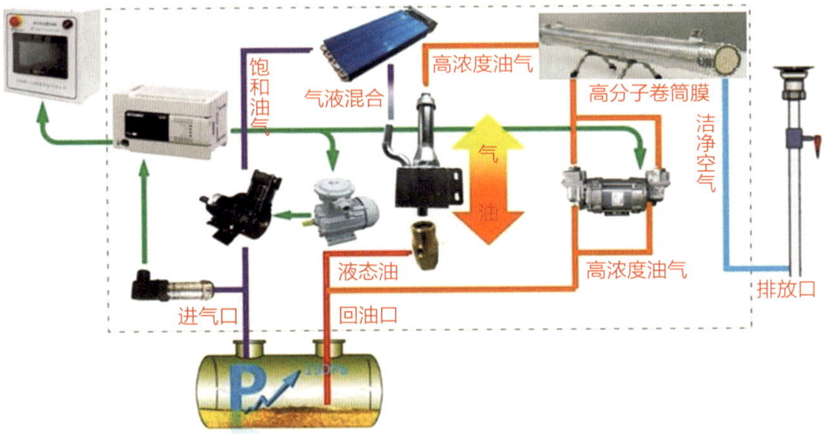

图 6.41　三次油气回收主机及回收工作流程

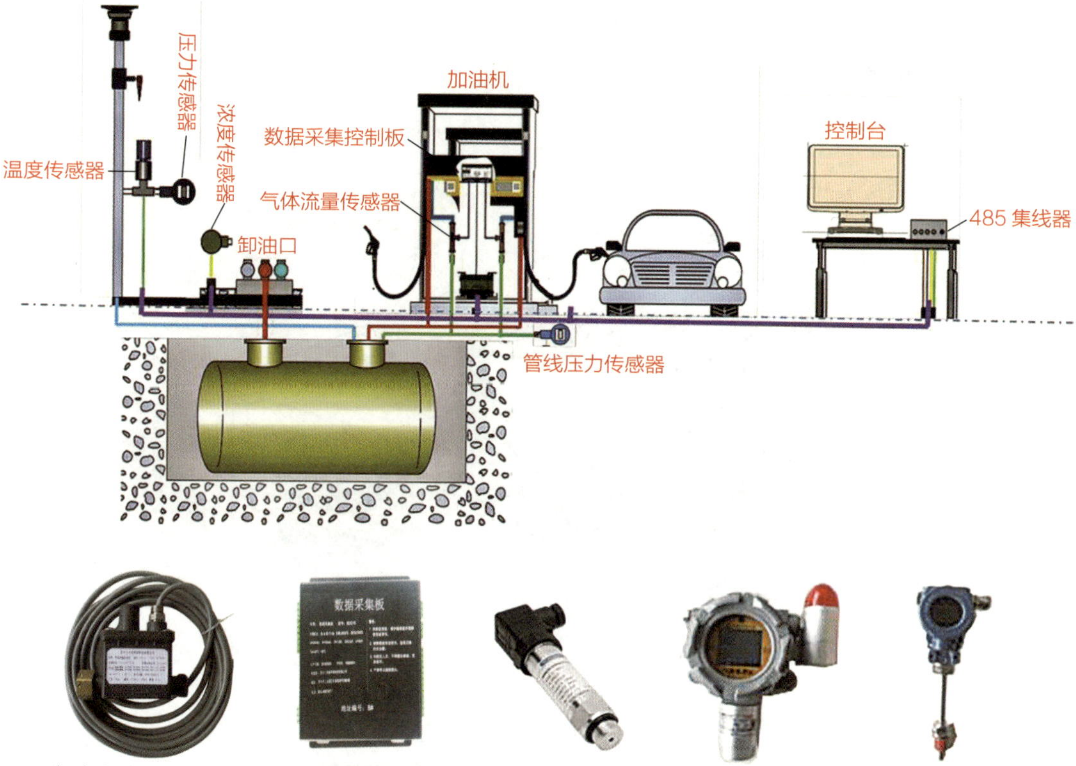

（a）气体流量传感器　（b）数据采集控制板　（c）压力传感器　（d）浓度传感器　（e）温度传感器

图 6.42　在线监测系统安装示意图

6.6.3　操作规程

1）一次油气回收装置操作规程

（1）应先连接好卸油胶管和油气回收胶管，然后打开油罐车油气回收阀门和卸油口油气回收阀门，再开启油罐车卸油阀门卸油。

（2）保持阻火器（帽）通气管下端的阀门处于关闭状态。

（3）保持呼吸阀（P/V 阀）通气管下端的阀门处于开启状态。

（4）卸油结束时，先关闭油罐车卸油阀门，再关闭油罐车油气回收阀门和卸油口油气回收阀门，最后拆除油气回收胶管。

2）二次油气回收装置操作规程

（1）保持阻火器（帽）通气管下端的阀门处于关闭状态。

（2）保持呼吸阀（P/V 阀）通气管下端的阀门处于开启状态。

（3）保持加油机内油气回收真空泵下端的阀门处于开启状态。

（4）加油时，加油枪应由小挡位逐渐开至大挡位。

（5）将加油枪枪管处的集气罩（皮碗）罩住汽车油箱口。

（6）加油时，将枪管口向下充分插入汽车油箱，加油过程中确保加油枪集气罩始终与油箱口密闭连接。

（7）加油枪自动跳停应停止加油，不宜通过反复跳枪加满。

（8）加油完毕，等数秒后挂回加油枪。

（9）加油枪胶管不用时要盘放整齐，防止被碾压。

3）三次油气回收装置操作规程

（1）保持阻火器（帽）通气管下端的阀门处于关闭状态。

（2）保持呼吸阀（P/V 阀）通气管下端的阀门处于开启状态。

（3）打开三次油气处理装置进气阀与回气阀。

（4）接通主电源开关。

（5）将三次油气处理装置设定在自动状态。

（6）观察控制箱显示屏显示的数据是否正常。

（7）停机先关闭主电源开关，然后再关闭处理装置进气阀与回气阀。

4）集液器操作规程

（1）潜油泵自动回收方式。常闭与潜油泵连接的集液器虹吸阀门；定期打开虹吸阀门，在加油机正常加油时，自动将集液器内油品虹吸回收到相应油罐。

（2）手摇泵定期回收方式。打开集液器密封盖；将手摇泵吸油管线伸入集液器底部，手摇泵出油管口伸入铝制油品回收桶；摇动手摇泵摇杆至吸尽积油；收回手摇泵吸油管线，关闭集液器密封盖，将抽出油品回罐。

（3）井底开口定期排放方式。将铝制油品回收桶放置在集液器（集液井是放置集液器的设施，相当于“人孔井”和人孔的关系）底部开口（管口）处；打开集液器底部开口（管口）阀门，放尽积油；关闭集液器底部开口（管口）阀门；将回收桶内油品回罐。

6.6.4 使用注意事项

（1）在正常使用状态下，保持呼吸阀（P/V 阀）通气管下端的阀门处于开启状态，阻火器（帽）通气管下端的阀门处于关闭状态；保持加油机内油气回收真空泵下端的阀门处于开启状态，测试液阻的堵头处阀门处于关闭状态。

（2）在下列故障状态下，应注意呼吸阀（P/V 阀）通气管下端的阀门、阻火器（帽）通气管下端的阀门以及加油机内油气回收真空泵下端阀门的开闭状态：

①当呼吸阀（P/V 阀）发生故障时，应立即打开阻火器（帽）通气管下端的阀门，同时关闭呼吸阀（P/V 阀）通气管下端的阀门，对呼吸阀（P/V 阀）进行检修或更换；

②当加油机油气回收真空泵发生故障时，应立即打开阻火器（帽）通气管下端的阀门。

（3）安装有三次油气回收系统的站在卸油时要确保设备处于正常运行状态，不得切断电源。

（4）确保卸油过程中储油罐的气密性完好，不得在卸油过程中从储油罐计量口进行测量、取样等操作。

（5）要避免加油枪碰撞或敲击、胶管被碾压或过度折弯，以免损坏内外管路。

（6）加油过程中，应将加油枪集气罩固定在油箱口，不得频繁拔枪查看油箱内油品。

（7）加油速度不宜太快，防止加油枪跳枪而停止加油。

（8）加油枪自动跳停后，应避免强行继续向油箱加油，防止加油枪频繁跳停。

（9）在计量时应停止所有油气回收加油枪作业，计量员站在上风口，缓慢打开计量口阀门。

（10）油气处理系统在油气存封冷凝过程中，当给系统通电或给主机复位时，不要靠近主机。

（11）随时检查加油枪上的集气罩，集气罩损坏要及时更换。

6.7 监控设备

6.7.1 硬件要求

监控硬件要求探头高清，油气加注区、油气储罐区、收银区、进出口、监控设备存放区、配电间等重点部位全覆盖、无死角，不得擅自调整角度；系统监视、存储和回放的视频图像分辨率应大于或等于 1280 像素 ×720 像素，图像帧率应大于或等于 25fps；监控主机必须保持 24h 开机、联网；监控录像要清晰完整、回放自如，存储时长至少 90 天以上；不在监控主机上安装与视频监控工作无关的软件；不擅自打开、撬动主机柜，破坏或更换监控主机硬盘。

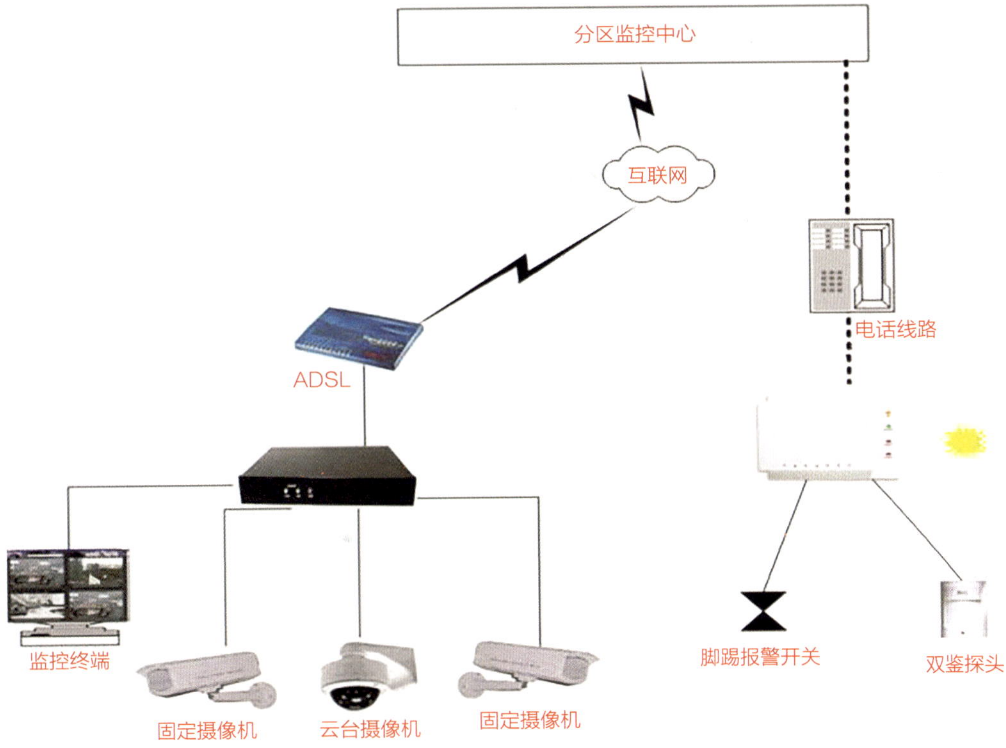

图 6.43 监控设备

6.7.2 权限管理

品牌合作站视频监控系统应集成联网到中国石化管理平台，向中国石化开放实时查询浏览和视频回放的权限。品牌合作站根据岗位需要确定本站视频监控系统操作员；日常使用通过操作员账号进行录像回放和查询；不得擅自将账号提供给不具备使用权限的人员；当人员、账号权限发生变更时，合作方应及时调整。

6.7.3 使用要求

在终止操作或离开岗位时，应退出系统；当监控设备出现异常或故障时，应及时报上级部门，并做好故障记录；不得在视频监控系统上进行与视频监控无关的操作；严禁删除视频信息和运行日志；严禁擅自翻拍、拷贝视频录像。

6.8 检查标准

加能站设备设施检查标准详见附件 3~ 附件 5。

第 7 章

HSE 管理

7.1 通用原则

7.1.1 概念

HSE 是健康（Health）、安全（Safety）和环境（Environment）的英文缩略语。HSE 管理体系指的是健康、安全和环境三位一体的管理体系。

7.1.2 HSE 理念

（1）HSE 先于一切、高于一切、重于一切。

（2）一切事故都是可以预防和避免的。

（3）对一切违章行为零容忍。

（4）坚持全员、全过程、全天候、全方位 HSE 管理。

（5）安全环保源于设计、源于质量、源于责任、源于能力。

7.1.3 HSE 责任

责任制是 HSE 管理体系的核心。合作方是品牌合作站安全生产的责任主体，应当保障品牌合作站具备法律法规和国家标准、行业标准规定的安全生产条件，依法依规加强安全生产管理。合作方应保障品牌合作站具备安全生产条件所必需的资金投入，对中国石化检查提出的不符合项应限期整改，并对由于安全投入不足导致的后果承担责任。

合作方应与中国石化通过签订合作经营合同或安全生产管理协议，明确约定合作双方的安全生产法律责任和义务，以及安全管理界面及相应的管理责任，并严格落实合同或协议规定的责任和义务。

品牌合作站应建立健全全员安全生产责任制，明确各岗位的责任人员、责任范围、岗位职责和考核标准等内容，并建立相应的机制，加强对责任制落实情况的监督考核，保证责任制的落实。

品牌合作站站经理应与合作方签订年度 HSE 目标责任书，全体员工应签订年度 HSE 承诺书。

7.1.4 HSE 组织

成立以站经理为第一责任人的品牌合作站 HSE 管理小组、义务消防组织、治安防范组织，并建立 HSE 组织机构，明确紧急事件上报途径。

站经理和专（兼）职安全管理人员应有合作方的正式任命书，作业现场每班均应有兼职 HSE 监督员（安全员），并佩戴统一的 HSE 监督员（安全员）标志上岗。

7.2 HSE 培训

7.2.1 基本要求

（1）站经理应按要求取得安全资格证书；加气站站经理和安全管理人员应持有特种设备安全管理 A 证；加气作业人员应持有气瓶充装 P 证；加气站卸车作业人员应按属地政府监管要求持有移动式压力容器充装 R2 证。

（2）营业员应参加合作方组织的安全生产教育和培训，考试合格后持证上岗。特种作业人员应取得相应资格证书，持证上岗，并按规定复审。

（3）新上岗员工岗前安全培训时间不得少于 72 学时。员工每年接受再培训的时间不得少于 20 学时，每月接受再培训的时间不得少于 2 学时。员工调整工作岗位或离岗一年以上重新上岗时，应当重新接受站级和班组级的安全培训。

（4）采用新工艺、新技术、新材料、使用新设备或进行检维修和施工时，必须对作业人员进行专门的安全生产教育和培训。

（5）培训形式为理论加实操，以现场实操为主。新员工安全培训教育等各类安全生产教育和培训活动应有记录并保存良好（包括测试试卷）。

7.2.2 安全教育培训计划及实施

（1）品牌合作站应及时收集、整理全员培训需求，编制年度培训计划及方案。培训计划因故不能执行时，须及时调整，并记录变更情况。

（2）按照年度培训计划，以班组为单位，领班为主导，积极采用师带徒、操作比武、应急演练等多种形式，开展在岗不脱产培训和考核。

（3）定期对员工进行安全考核，考核项目可包括岗位 HSE 责任制、操作规程、应急技能、安全常识等，并做好记录。

（4）具体培训内容见附件 6。

7.2.3 班组安全活动

（1）班组安全活动由领班组织，每月活动不少于 2 次，站经理至少参加 1 次。

（2）活动内容包括学习 HSE 文件、制度、操作规程，掌握设备设施、劳动防护用品使用与维护知识，开展危害因素识别和隐患排查，制定风险防范措施，进行安全经验分享、应急培训和应急预案演练，提出安全生产合理化建议等。

（3）活动结束后，做好相应记录。

7.3 安全风险分级管控与隐患排查治理

7.3.1 风险识别与管控

7.3.1.1 风险识别管控原则

（1）全覆盖原则。岗位职责所涉及的所有作业活动和相关的设备、设施要全覆盖，要逐区域、逐专业、逐设备、逐操作、逐维修和施工作业开展风险识别。

（2）集体识别原则。合作方应组织岗位操作人员、有关技术人员和管理人员，组成识别小组，识别岗位风险。

（3）统一审查原则。合作方要对识别的岗位风险统一审查、确认，形成基层岗位危险事件清单，详见附件 7。

7.3.1.2 岗位风险识别

对本岗位的作业活动和涉及的设备设施等开展风险识别，重点结合日常操作中可能造成人身伤害、中毒、危险化学品泄漏、火灾爆炸、财产损失等各种危险事件，以及初期应急处置的风险开展识别工作。

1. 危险源识别

识别岗位上实际存在的危险源，危险源识别应覆盖岗位所能涉及的危险化学品、物理化学性质、自然环境、生物疾病、安保等方面的危险源。危险源主要包括但不限于附件 8。

2. 危害因素识别

识别每个危险源可能导致事故事件的因素。针对每一个危险源，从工艺、设备、外部影响、环境因素、操作与施工、其他等方面，识别可能导致危险（源）释放的危害因素。详见附件 9。

3. 危险事件识别

根据危险源、危害因素，识别每个危险源可能发生的危险事件，并识别预防危险事件发生或减轻其后果的各种措施（包括硬件措施、个体防护和管理程序等），形成岗位危险事件清单，详见附件 7。

7.3.1.3 管理要求

（1）岗位风险识别原则上每年开展一次，新改扩建工程施工项目，以及发生人员、设备、工艺变更后要同时进行岗位风险识别，检维修项目要结合实际适时进行岗位风险识别。

（2）环境风险源识别每年不少于 1 次，并形成突发环境事件风险评估表。当综合水环境风险源强度指数（RW）、水环境风险受体敏感性指数（EW）、水环境风险控制能力指数（MW），计算得出的水环境风险指数（SW）；当综合大气环境风险源强度指数（Ra）、大气环境风险受体敏感性指数（Ea）、大气环境风险控制能力指数（Ma）等判定条件发生变化时，应及时进行动态识别。品牌合作站应建立环境风险源台账，制定风险源环境风险防控措施。

（3）结合岗位风险定期评估，及时调整操作规程，做好岗位培训，确保员工规范操作，有效管控风险。

（4）根据识别结果进行岗位风险排序，针对岗位风险制定相应的应急处置措施并组织演练。

（5）岗位操作人员根据识别出的风险清单进行日常检查。

7.3.2 隐患排查与治理

7.3.2.1 隐患内容

（1）包括危及加能站的不安全因素、导致事故发生或扩大的设备设施隐患、可能造成职业病和职业中毒的劳动环境以及可能对大气、地下水资源和社区环境造成的污染问题。

（2）应对排查出的隐患进行分级管控，建立隐患清单。

7.3.2.2 隐患排查

对照法律法规、标准规范和管理制度，有重点地持续开展隐患排查，做到全覆盖。通过日常检查、定期检查、专业排查、专项排查和事故类比排查等多种形式进行排查。建立隐患排查治理档案，分级准确。

7.3.2.3 隐患治理

按期完成隐患治理，评估治理效果。隐患排查治理档案应包含“五定”措施，即定方案、定资金、定期限、定责任人、定应急。“五定”措施要合理、有针对性，隐患治理前应当落实有效的防护措施。事故隐患排查治理情况应当通过员工会议、信息公示栏等方式定期向全体员工通报。

7.4 HSE 检查

7.4.1 基本要求

（1）品牌合作站应对安全生产状况进行经常性 HSE 检查，主要包括岗位巡检、安全周查、月度综合检查、季节性专项检查、两特两重专项检查等，检查及问题处理情况应当如实记录在案。节假日、季节性安全检查可结合安全周查开展。

（2）对检查中发现的 HSE 问题，能立即整改的立即进行整改，不能整改的及时报告合作方负责人，并跟踪整改，整改前落实好对应的防范措施。在检查中发现重大事故隐患，合作方负责人不及时处理的，可向中国石化和属地安全生产监管部门报告。

（3）应对地方政府、中国石化等组织的 HSE 检查监督做好记录，根据要求做好整改和反馈。

（4）合作方应对检查结果进行统计分析，对比历史记录，研究趋势性问题，找出 HSE 管理的薄弱环节，及时更新品牌合作站 HSE 风险和隐患清单，制定降低风险方案和隐患治理措施。

7.4.2 运行检查

HSE 检查内容主要包括但不局限于领导履职、HSE 责任分解落实、风险管控、隐患治理、基层 HSE 管理、设备设施运行状态及完好性、应急预案针对性和应急处置卡实用性、职业健康管理、环境保护管理、公共安全管理、HSE 依法合规性、HSE 管理制度执行有效性、现场 HSE 管理措施实用性、检查发现问题的闭环管理情况等。

7.4.2.1 作业检查

通过现场观察和视频录像回放的方式，对照设备操作规程和作业指导书对设备操作和现场作业过程进行合规性检查，重点检查作业过程中的不安全行为。

7.4.2.2 合法依规运行

（1）加能站依法取得证照。新改扩建项目按照法规要求取得相应证照和行政许可，无超范围经营。

（2）主要负责人、HSE 管理人员按属地政府要求取证，考核合格。特种作业人员、特种设备管理人员、特种设备作业人员等必须取得相应资格，具备相应能力。

7.4.2.3 运行管理

（1）视频监控录像存储时间不低于 90 天，摄像头角度合理、无盲区。

（2）对联锁报警有效管理，报警参数设置和处置要做好记录。

（3）强化运行异常管理，对报警进行统计分析并制定防范措施，及时发现异常并报告。

7.4.2.4 泄漏管理

开展泄漏风险评估，落实泄漏控制措施。建立密封点、泄漏点台账，对泄漏数据进行统计分析，对泄漏介质和污染物及时处置，防止引发次生事故。

7.4.3 设备设施检查

7.4.3.1 检查方式

图 7.1 加油机设备检查

听：听加注机等设备设施运转的各部件声音是否正常，有无异常杂音。熟悉加注机等设备设施正常运转、超负荷运转及反转的声音。

看：看加注机等设备设施各部件有无异常，是否存在积尘、蛛网、渗漏油污，显示屏是否正常，查看关键部位铅封是否完好有效等。

闻：闻加注机等设备设施在工作时机体内有无异味。

摸：用手去感触防爆管连接点、接地点、防爆接线盒盖是否松动等。

测：使用可燃气体检测仪对密封点进行泄漏等现场检测。

7.4.3.2 检查类型

检查类型分为日常检查、定期检查、专业排查、专项排查和事故类比排查等。

7.4.3.3 检查标准

加能站 HSE 检查标准详见《加能站安全诊断标准》。

7.5 应急管理

7.5.1 应急预案

（1）品牌合作站应根据 HSE 风险分析情况，结合实际编制应急预案（包括环境事件应急预案），报合作方审批后执行，并按当地政府要求履行报备手续。

（2）要在全面风险评估和应急资源调查基础上，按照“一事一案、一点一策”的原则，结合品牌合作站实际编制相应的专项应急预案、现场处置方案和应急处置卡。

7.5.2 预案演练

（1）以班组为单位，通过实战情景或桌面推演等方式开展应急演练，每月不少于 1 次演练。演练应遵守“135”原则，即 1 分钟内应急响应，3 分钟内疏散警戒，5 分钟内建立现场指挥部；要做到人员反应迅速，信息传递及时，处置正确。

（2）应制定年度应急预案演练计划并按计划实施月度演练。每季度应至少开展 1 次火灾爆炸、油气泄漏、防盗防抢劫应急预案演练，每半年应开展 1 次职业卫生应急预案演练，同时每月结合其他预案演练同步开展环保应急处置演练。其他预案结合季节变化、当地地质状态等情况开展，其中气象灾害、地质灾害等每年不少于 1 次，年度内完成所有现场处置预案的演练。

（3）演练结束后，应组织评估，针对演练全过程进行总结讲评，发现问题及时整改。

7.5.3 应急处置

7.5.3.1 服务应急处置

（1）主要包括：数量纠纷、质量投诉、提枪走字、设备设施故障造成服务中断等。

（2）处置要点：主动邀请客户进入室内，安抚客户情绪，倾听客户需求，做好记录，协商解决，防止事态扩大。自查设备设施故障情况，检查加注机强检标识、查询加油凭证、核实加油和进货情况等。对加油数量超油箱标注容量的，要了解车辆型号，对标注容量和实际容量进行解释，详见附件 10。

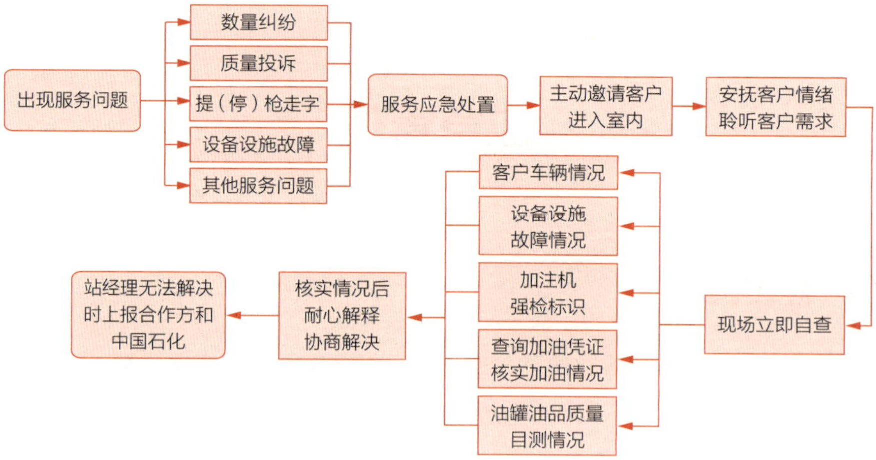

图 7.2　服务应急处置要点

7.5.3.2　泄漏处置

（1）主要包括：加油、卸油过程油品溢出，车辆油箱油品泄漏，油罐、加油机、管线等油品泄漏，加气站充装过程中天然气泄漏等事故。

（2）处置要点：第一时间关闭阀门或封堵漏点，使用消防器材警戒，站在上风口处理，及时围堵泄漏油品，回收时使用铝铲、铜铲与棉布等防产生火花、防产生静电的工具；应按预案要求进行应急监测和污染物合规处置。

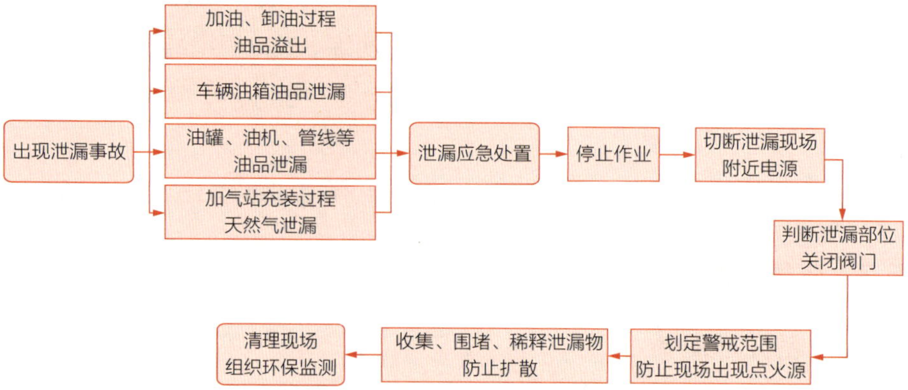

图 7.3　泄漏应急处置要点

7.5.3.3 火灾处置

（1）主要包括：加油（气）作业、卸油（气）作业等环节火灾以及电气火灾、车辆起火、烟花爆竹造成起火等火灾事故。

（2）油气火灾处置要点：第一时间停止作业，关闭阀门；灭火时站在上风口，操作干粉灭火器时手握喷嘴距离着火点保持 2m 以上；检查余火时，使用灭火毯保护自己；应按预案要求进行应急监测和污染物合规处置。

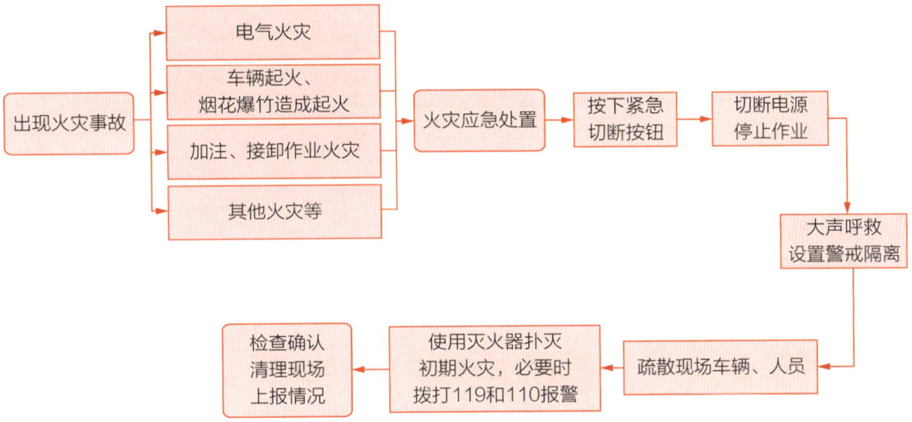

图 7.4 火灾应急处置要点

（3）触电处置要点：第一时间关闭上级电源，使用绝缘工具挑离电线使伤员脱离电源，心肺复苏操作前要检查确认现场安全。

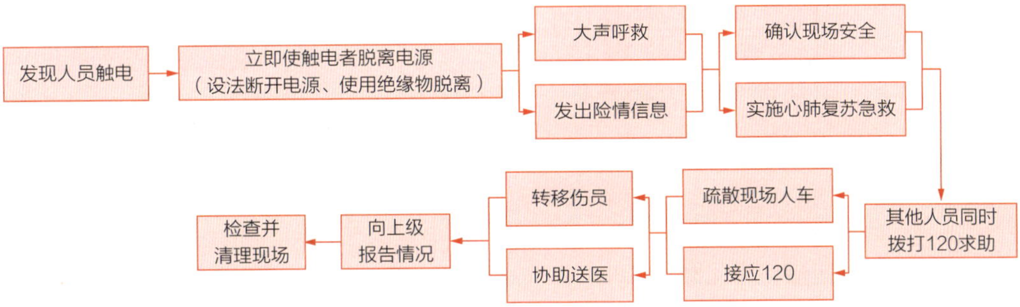

图 7.5 触电应急处置要点

7.5.3.4 自然灾害处置

（1）主要包括：地震、台风、洪汛（暴雨）、暴雪等。

（2）处置要点：停止作业，切断电源，引导客户和员工撤离至安全地带。组织抢修，尽快恢复经营。

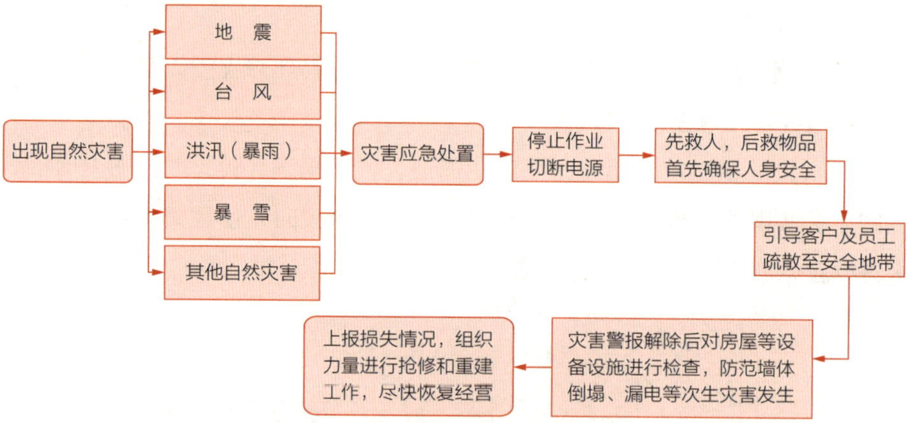

图 7.6　自然灾害应急处置要点

7.5.3.5　治安事件处置

（1）主要包括：盗窃、抢劫、恶意逃单等。

（2）处置要点：避免冲突，保护现场，保护自己。积极提供线索，包括作案人数、歹徒身高相貌、说话口音、动作、年龄、衣着等特征，使用工具、车牌号以及逃逸方向等。

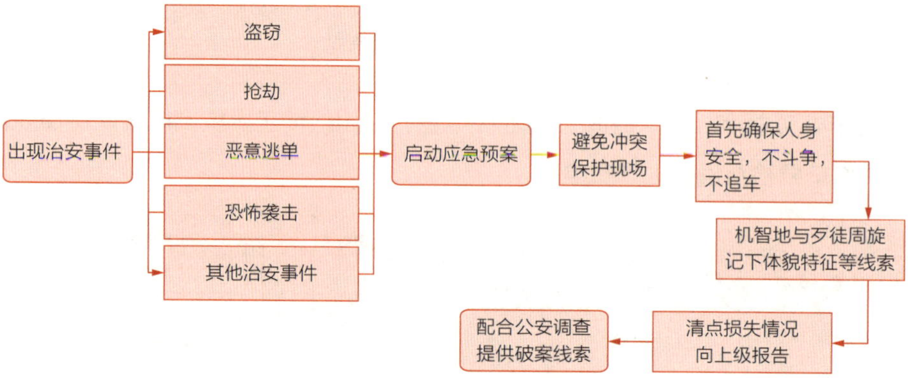

图 7.7　治安事件应急处置要点

加能站应急处置措施详见附件 11。

7.6 环保管理

7.6.1 环保手续

（1）严格执行环境影响评价、环保“三同时”（建设项目中防治污染的设施，应当与主体工程同时设计、同时施工、同时投产使用）及竣工环保验收制度。

（2）实施排污许可管理，位于城市建成区的加能站进行简化管理，其他加能站进行登记管理。按照环评报告和排污许可证的要求由有资质单位进行污染物检测。

（3）应按排污许可证要求的期限和频次提报执行报告。执行报告内容应至少包括排污单位基本信息、污染治理设施运行情况、自行监测情况、环境管理台账情况、实际排放情况及合规制定分析、结论。

7.6.2 环保监测

（1）应建立环境管理台账记录制度，落实环境管理台账记录的责任岗位和责任人，明确工作职责，并对环境管理台账的真实性、完整性和规范性负责。

（2）按地方政府排污许可管理频次要求开展污水监测，检测结果应符合排污许可证副证规定排放标准。排污许可证中设有废气、废水排放口的，应按要求设置排口标识，并张贴排口二维码。

（3）在保证安全和正常运营的条件下，地下水监测井尽量设置在加油站场地内，与埋地油罐的距离不应超过 30m。地下水监测井标识牌需要标注站名、联系电话等基本信息。应按照地方政府管理要求，定期开展地下水定性监测，如发现地下水存在油品污染，立即启动定量监测。

（4）依法被确定为重点排污单位的加油站应安装油气回收在线监测系统。

（5）按照排污许可管理及地方政府要求定期开展边界噪声监测。

7.6.3 油气回收

（1）按照地方政府要求安装油气回收装置和在线监测装置。

（2）每季度由合作方组织进行油气回收检测，应定期巡检油气回收系统并及时记录检查情况，卸油口、油罐操作井、集液罐操作井、加油机铜管连接件、加油机真空泵、油气回收管连接件等密闭点位完好，系统处于正压状态。每年由有资质的检测单位进行油气回收检测，检测内容与现场相符，密闭性、液阻、气液比等技术指标检测结果合格。

（3）及时处理并记录油气回收在线监测系统报警，不合格时及时停运加油机。

（4）品牌合作站新建、改造投营或停业复营前应委托有资质的单位进行油气回收密闭性、液阻、气液比、密闭点位检测。

7.6.4 污水处理

7.6.4.1 含油污水

（1）外排污水不应采用暗沟排水，排水井、雨水口和化粪池不应设在作业区和可燃液体出现泄漏事故时可能流经的部位。

（2）含油污水需经油水分离池后排出。排出的污水应符合国家排放标准。

（3）油水分离池应定期检查，确保畅通、完好、有效。

（4）清洗油罐的污水应集中收集处理，不得直接进入排水管道。

7.6.4.2 生活污水

生活污水经过合理处置后，按排污许可达标排放。

7.6.5 危险废物处理

品牌合作站应按要求制定危险废物年度管理计划，并在国家危险废物信息管理系统备案，建立危险废物管理台账。清洗油罐、检维修及其他作业产生的危险废物须集中收集、合规存放，保存期限不得超过一年。

站内设有危险废物收集、贮存设施时，应按规范（《危险废物贮存污染控制标准》GB 18597 附录 A）的要求设置识别标志。危险废物应委托有资质的单位合规处置，转运单位应有危险废物运输资质。

7.6.6 生活垃圾

生活垃圾应分类投放，应委托有资质的单位定期清运。

7.7 职业卫生管理

7.7.1 职业健康

合作方应组织从事接触职业病危害作业的员工进行上岗前、在岗期间、离岗时的职业健康检查，建立员工职业健康监护档案，并将体检结果书面如实告知劳动者。

职业病危害严重的品牌合作站，每年至少进行 1 次职业性有害因素的定期检测；职业病危害一般的品牌合作站，每 3 年至少进行 1 次职业性有害因素的定期检测，并提供合格有效的报告。

应当在办公区域和员工作业场所设置职业卫生公告栏，其中设置在办公区域的公告栏，主要公布加能站的职业卫生管理制度和操作规程等；设置在员工作业场所的公告栏，主要公布存在的职业病危害因素及岗位、健康危害、接触限值、应急救援等措施以及作业场所职业病危害因素检测结果、检测日期、检测机构名称等。

7.7.2 劳保用品

（1）按照“四定”（定期检查、定期维保、定人管理、定备件）原则管理，建立劳保用品领用、发放台账。劳保用品配备标准详见附件 12。

（2）作业人员在工作期间，应正确佩戴和使用劳动保护用品，详见附件 13。

（3）劳动保护用品出现以下情况应予以报废：不符合国家标准或专业标准的；在使用期内破损或变形，影响防护性能的；超过规定使用有效期限的；达不到强检机构鉴定标准的。

7.8 事故管理

7.8.1 事故报告

（1）发生安全生产、突发环境等事故事件时，应遵照突发事件应急预案启动相应的应急响应。发生事故事件，现场负责人、品牌管理专员应第一时间向合作方、中国石化报告，第一时间报告首选口头报告，应在事故事件发生后的半小时内。事故事件后续发展情况要随时报告，事故发生后的 2h 内应按照中国石化事故事件快报要求的格式提供书面报告。

（2）报告内容包括：站名、地址、汇报人姓名、事故发生时间、现场情况、简要经过、已造成或可能造成的伤亡人数（包括下落不明的人数）、初步估计直接经济损失、已经采取的措施、新闻媒体和有关主管机构的介入情况、其他应当报告的情况。

（3）口头报告后，还应填写“生产安全事件报告单”，以书面形式报告。

（4）隐瞒不报、虚报或故意延迟上报事故者，除责成其补报外，应对其进行严肃处理；情节严重的将按照合同约定追究合作方履约责任；触犯法律的移交司法机关处理。

7.8.2 事故调查

品牌合作站应负责配合调查组开展调查工作，提供必要的人证、物证和背景资料。在调查组现场勘查前，不得移动现场物品，若为实施救护而必须移动现场物品，应做好标记。

第 8 章

经营管理

8.1 进货管理

（1）油品或天然气由中国石化油品销售企业地市级或以上公司认可的物流单位统一配送，品牌合作站及时准确上报销售和库存数据，加强沟通，防止脱销断档和高峰期接卸。

（2）品牌合作站站内油品或天然气在移库时，由品牌管理专员全过程监控；品牌合作站不得擅自与非品牌合作站进行油品或天然气移库。

（3）在促销、调价、变类、改造、复营、开业等特殊时段前，应做好资源衔接，防止脱销断档。

8.2 价格管理

（1）在显著位置公布当日销售价格。公布价格与加注机上显示的价格一致。

（2）原则上按照国家或地方政府规定的到位（指导）价销售。价格发生变动时，及时调整加注机、价格牌价格。当价格上涨时，先调整价格牌再调整加注机；当价格下降时，先调整加注机再调整价格牌。

（3）在调价时，卡机联动站根据有关流程操作。

图 8.1　价格公示牌

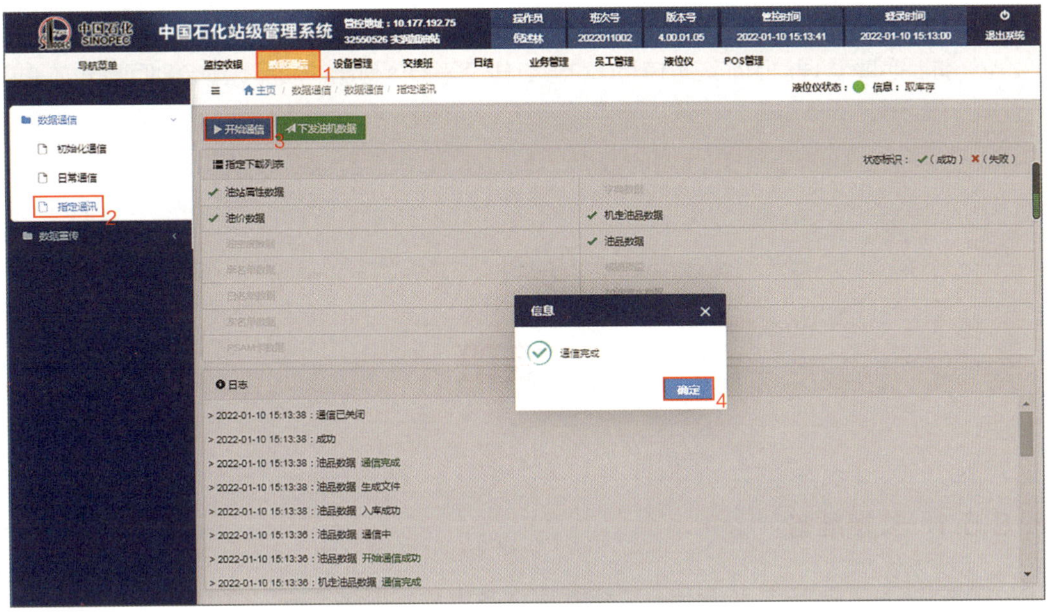

图 8.2 卡机联动站调价操作流程

8.3 泵码管理

泵码交接真实、连续，与管控系统一致。遇乱码、归零等异常情况，立即停止加注，详细记录异常前后的泵码和跳变升数，确认差异。

8.4 特殊业务

（1）配送业务管理。品牌合作站开展配送业务，油品或天然气只能通过卡机联动的方式加注，不得通过脱机、非卡或非机出等方式加注。

（2）油品回罐管理。因加注机校验、维修、排空等原因付出的油品，须全部回到对应油罐。

8.5 交接班

8.5.1 交接准备

（1）交班人员应提前30min，了解本班任务完成、设备运行、卫生清洁、工具使用、异常事件、安全运营及预防措施、布置工作及注意事项等，准备好交班事宜。

（2）接班人员应提前到岗，穿戴好工装和防护用品，装配好工作用具，领取员工卡，准备好接班事宜。

8.5.2 正式交接

进行交接巡检，开展接班仪式，完成班结日结。

8.5.2.1 交接巡检

（1）双方领班共同查验日常检查及运行中发现的设备问题，对接好处置措施；检查品牌合作站各区域消防器材有效性；查看加注现场、营业室、厕所等区域的清洁保养和卫生责任制落实情况。

（2）交接巡检时，交班领班要向接班领班告知本班异常情况及注意事项，对巡检发现的问题及时整改，整改不了的报站经理处理。

图8.3 交接巡检

8.5.2.2 接班仪式

（1）接班仪式应在非繁忙时段进行，在室外有效监控范围内（特殊情况可在室内），不影响车辆通行且便于客户观看之处定点开展，并做好安全防护。

（2）接班领班组织接班人员召开班前会（站经理在岗时要参会），整齐列队，检查仪容仪表是否符合规范，简要传达有关品牌合作站最新经营管理要求，交代注意事项等。同时，将“班前安全教育五分钟”纳入交接班内容，结合本站实际开展安全知识学习、事故案例分享（可在列队前观看视频、PPT 等）、安全风险提醒等，提升员工安全意识和能力。

图 8.4 接班仪式

（3）开展服务流程演练，重点是服务手势、礼貌用语。演练后齐声高喊“客户在心中，服务看行动，安全永牢记，守纪强作风，加油！”做鼓劲动作，调节好情绪。

图 8.5 服务流程演练

8.5.2.3 班结日结

（1）交班人员操作加注机下班，在站级管理系统班日结后，接班人员操作加注机上班，正式接班。

（2）双方领班核对泵码、库存和贵重商品，交接保险柜钥匙或密码、库房钥匙、票据、物料、用具等，签字确认。

（3）交班人员清点资金，发现差异，妥善处理，无误后投入保险柜。

8.5.3 交班离站

（1）交班员工将员工卡留站保管，换下工装，整理内务，下班离站。

（2）下班途中遵守交通规则，注意交通安全。

8.6 营销管理

8.6.1 营销设计

原则上，品牌合作站不得擅自开展营销活动。若因市场原因确需开展的，应与中国石化协商一致后开展。

8.6.2 宣传要求

品牌合作站的营销宣传应注重真实性、合法性，尊重受众，严禁虚假宣传、夸大宣传、低俗宣传。

8.6.3 营销培训

表 8.1 营销培训

营销培训	
营销活动文件的宣贯	重点解读活动的优惠、形式
营销用语的统一	营销用语简洁，信息易被客户接受
营销活动注意事项	宣传安排，氛围布置和维护，车辆引导，库存监控
营销目标与站级考核	奖励政策
培训效果跟踪	员工复述、不定时抽查、现场跟踪，确保培训的有效性

第 9 章

支付管理

9.1
加油卡

9.1.1 加油卡分类

加油卡指在中国石化加油卡工程中可用于加能的 IC 卡。根据用途，加油卡分以下六种类型。

9.1.1.1 用户卡

用户卡由中国石化面向社会客户发行，可以直接在加能站使用。分为单用户卡和多用户卡，单用户卡根据是否登记用户名称又分为记名卡和不记名卡两类，记名卡又分为单位单用户卡和个人单用户卡；多用户卡分为个人多用户卡和单位多用户卡，按照从属关系又分为主卡和副卡。针对不同的卡产品及服务，用户卡分为普通加油卡、电子加油卡、加油加气卡、专用卡、纪念卡等类型。

（1）普通加油卡。

旧版加油卡正反面　　2025 年版加油卡正反面

图 9.1　普通加油卡

（2）电子加油卡是针对单位客户发行的一种虚拟卡，可在指定的线上渠道自助办理开户发卡、充值、预分配、退款等业务，无须圈存。副卡在易捷加油 App 绑定后，通过“一键加油”实现线上支付。

（3）加油加气卡是插卡、感应双界面卡，卡面标注“加油加气卡”字样。

图 9.2　加油加气卡

（4）专用卡分为柴油专用卡、爱跑白金卡、军队专用卡和 VIP 加油卡等。

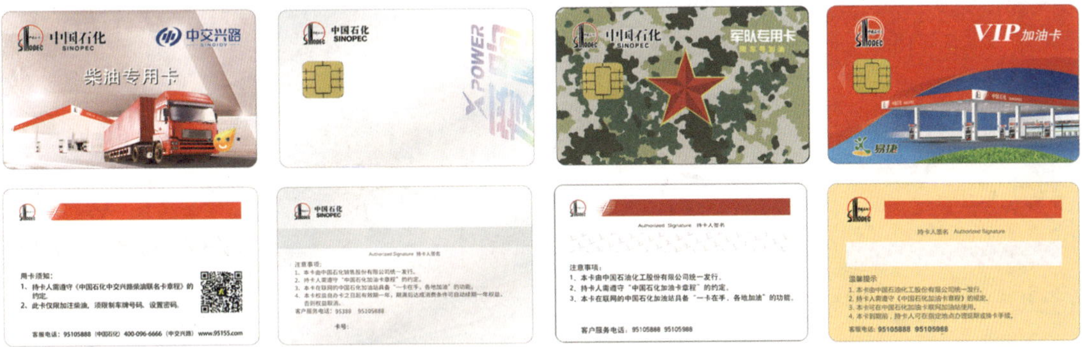

柴油专用卡正反面　　爱跑白金卡正反面　　军队专用卡正反面　　VIP 加油卡正反面

图 9.3　专用卡

（5）纪念卡是为纪念重大事件，对外发行的纪念版加油卡。

虎年纪念卡（虎虎生威）　　虎年纪念卡（金虎纳福）

虎年纪念卡（如虎添翼）　　虎年纪念卡（生龙活虎）

图 9.4　纪念卡

兔年纪念卡（样式 1）

兔年纪念卡（样式 2）

兔年纪念卡（样式 3）

兔年纪念卡（样式 4）

龙年纪念卡（飞龙在天）

龙年纪念卡（蛟龙出海）

龙年纪念卡（龙行九州）

龙年纪念卡（龙耀中华）

蛇年纪念卡（样式 1）

蛇年纪念卡（样式 2）

十运会纪念卡

十一运会纪念卡

图 9.4　纪念卡（续）

十三运会纪念卡

十三运会纪念卡

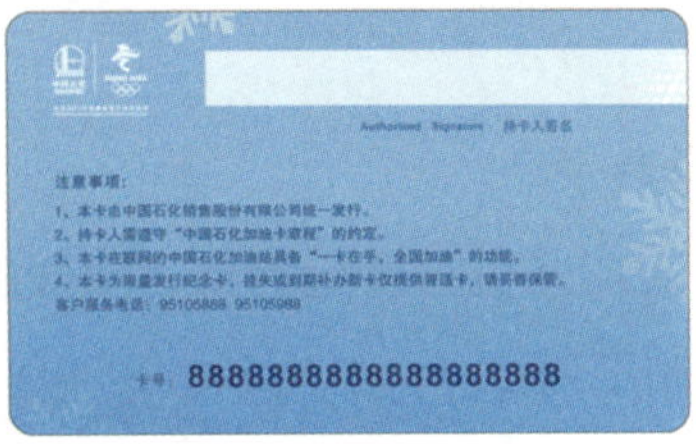

冬奥会纪念卡

F1 大赛纪念卡

F1 大赛 VIP 纪念卡

图 9.4　纪念卡（续）

9.1.1.2　员工卡

员工卡是员工加能时使用的卡，当客户使用非加油实体卡插卡加能时使用（含现金、石化钱包、电子加油卡），也用于加注机的上下班操作。

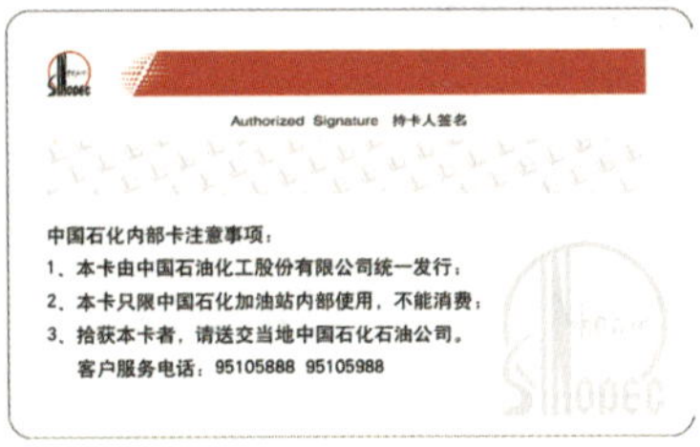

图 9.5　员工卡

9.1.1.3　维修卡

维修卡是维修加注机时使用的卡，一般由县区公司保存。

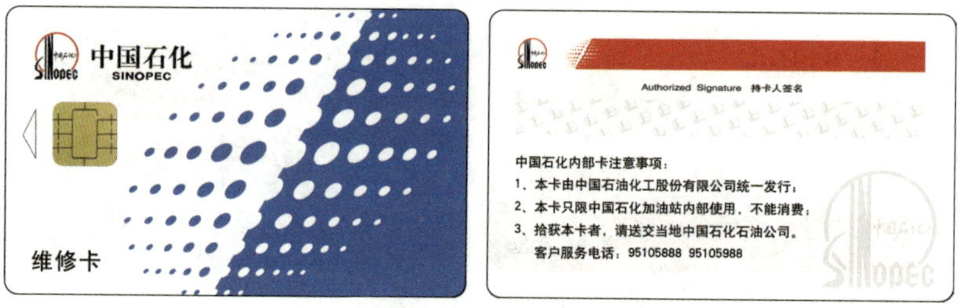

图 9.6 维修卡

9.1.1.4 验泵卡

验泵卡是检定加注机时使用的卡，一般由县区公司保存；当员工卡无法下班时，该卡可用于加注机强制下班。

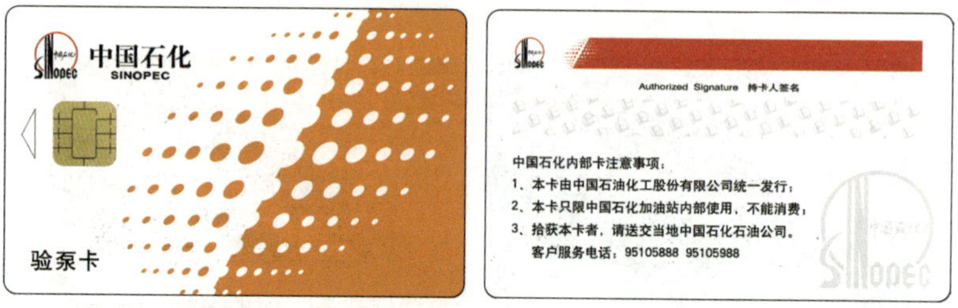

图 9.7 验泵卡

9.1.1.5 PSAM 卡（APSAM 卡）

PSAM 卡（APSAM 卡）是安装在加注机或 POS 机上，用以验证加油卡交易真实性的卡片。

图 9.8 PSAM 卡（APSAM 卡）

9.1.1.6 充值卡

充值卡用于向加油卡充值，不能直接支付，不记名、不挂失。通过网上营业厅等自助渠道、售卡充值点向加油卡充值。面额 50 元、100 元、200 元、500 元等，最高 1000 元。

图 9.9　1000 元充值卡

9.1.2 卡片管理

9.1.2.1 品牌合作站卡片管理

品牌合作站员工卡、维修卡、验泵卡、PSAM 卡等由中国石化统一制作、对接发放，其中验泵卡由县区公司负责日常保管和监督使用。如上述卡片出现丢失、损坏、使用异常等情形可向中国石化申请进行坏卡更换、补卡、清退等。

9.1.2.2 用户卡使用

客户可办理普通加油卡、电子加油卡、加油加气卡、专用卡、纪念卡的开户开卡、卡片领用、充值、增办副卡、异常处理、退款、清户等业务。品牌合作站可根据客户要求，引导客户到中国石化线下发卡充值网点、中国石化加油卡网上营业厅等指定渠道办理。

9.1.2.3 品牌合作站涉卡主要业务

客户可在开通加油卡支付功能的品牌合作站进行线下实物卡的圈存消费。品牌合作站如无圈存设备或设备故障，可引导客户到其他网点圈存。

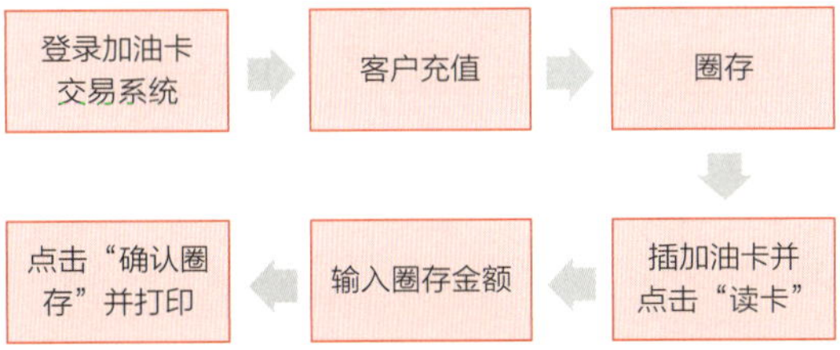

图 9.10　自助圈存机圈存

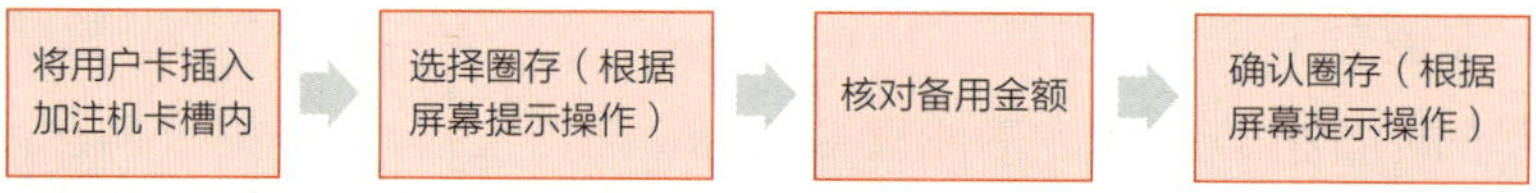

图 9.11　加注机圈存

9.1.2.4　异常卡查询

品牌合作站的异常交易信息将通过“站经理助手”以微信消息的方式，推送到品牌管理专员的手机端，消息订阅、查看方式及核查反馈等详见“10.2 站经理助手”。

9.2 电子钱包

9.2.1　简介

电子钱包全称“中国石化电子钱包”，可在指定线上平台充值，是用于油品或天然气加注及服务等消费支付功能的虚拟账户。

9.2.2　登录易捷加油 App

打开 App，可通过“验证码登录”“一键登录”“微信登录”等不同的方式登录。

9.2.3　开通石化钱包

首次登录后，需开通石化钱包方可使用一键加油功能。输入姓名→输入身份证号→选择开户省→同意《石化钱包协议》与《隐私政策》→设置支付密码→确认支付密码→开通小额免密→同步开通石化权益会员→点击“开通”。开通后进入“一键加油”首页。一个身份证对应一个账户，开户省市开通后可变更，有变更次数限制。

图 9.12 开通石化钱包

9.2.4 绑定车牌

首次使用“一键加油”，需绑定车牌（首页或“石化钱包”中均可），路径：我的→石化钱包→我的车牌→“添加车牌”→选择车牌类型→输入车牌号→选择油品型号→输入单次最大加油金额→输入其他信息（可不填）→设置默认车辆→点击“完成”。可绑定普通车牌与新能源车牌，一个账号限绑 3 个车牌号，默认每笔加油订单只对应一个车牌号。

图 9.13 绑定车牌

9.2.5 石化钱包充值

在“一键加油”首页或在“石化钱包”的相关选项中，可对石化钱包充值，充值→输入或选择充值金额→选择支付方式→确认支付→返回“一键加油”→充值成功。钱包充值目前支持微信、支付宝、建行龙支付等，充值不限额，但账户余额限 5000 元，充值优惠按开户省活动规则执行，充值不开发票，支持填写员工推荐码。

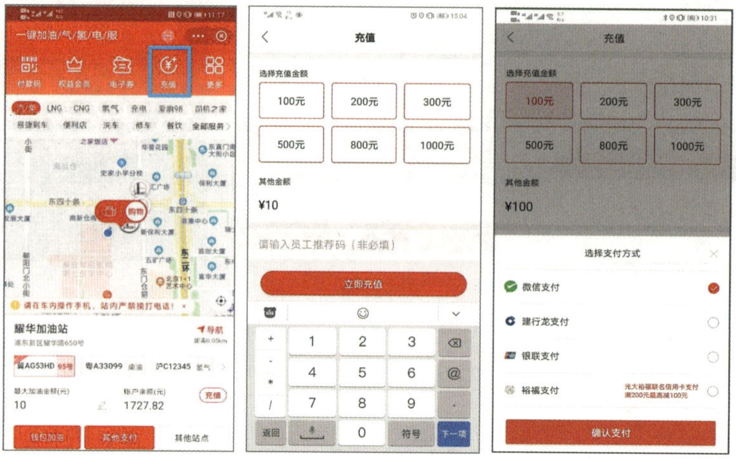

图 9.14 石化钱包充值

9.2.6 退款

根据退款申请时间是否超过原支付渠道要求的退款时效（不同支付渠道的退款时效有所不同，最短为 155 天），将石化钱包退款分为普通退款和超期退款。退款申请在被受理前可取消，在办结前账户将被锁定，无法进行充值或消费。

9.2.6.1 普通退款

分为石化钱包余额退款和单笔充值退款，客户在易捷加油 App 或小程序申请普通退款后，根据各企业自行设置的系统自动审核阈值，若退款额低于阈值，系统自动审批并即时原路退回，若退款额高于阈值，由人工审批，于 7 个工作日内原路退回。

9.2.6.2 超期退款

受充值时使用的支付渠道限制而无法原路退回，客户在易捷加油 App 或小程序申请超期退款后，在申请审核通过后，于 15 个工作日内退款至客户预留的本人银行卡。

9.2.6.3 特殊情况

若有未完成的订单或个别地区某种约定的充值支付等情形，无法申请退款；使用赠送电子券且享受优惠的充值订单或账户不支持全额退款申请。

具体详见石化钱包退款协议。

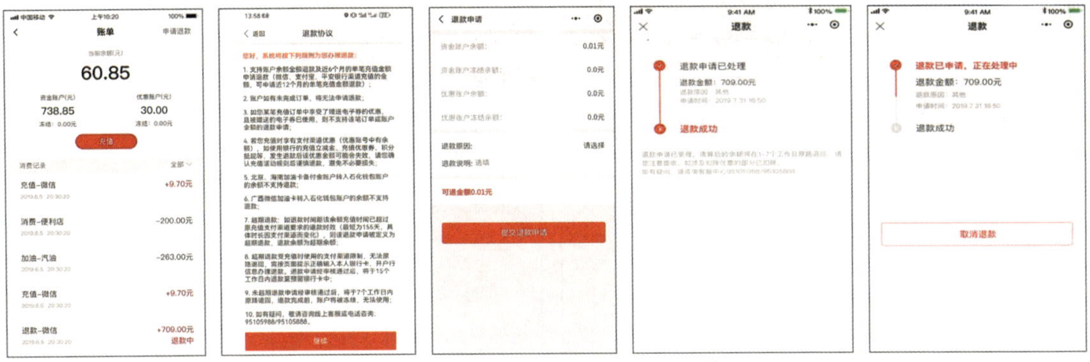

图 9.15　退款

9.2.7　消费（客户端）

（1）手机导航。根据手机定位，自动推荐距离最近的站。当距离较远时，客户可选择导航功能导航到站，目前支持调用手机内置导航（百度地图和高德地图）。

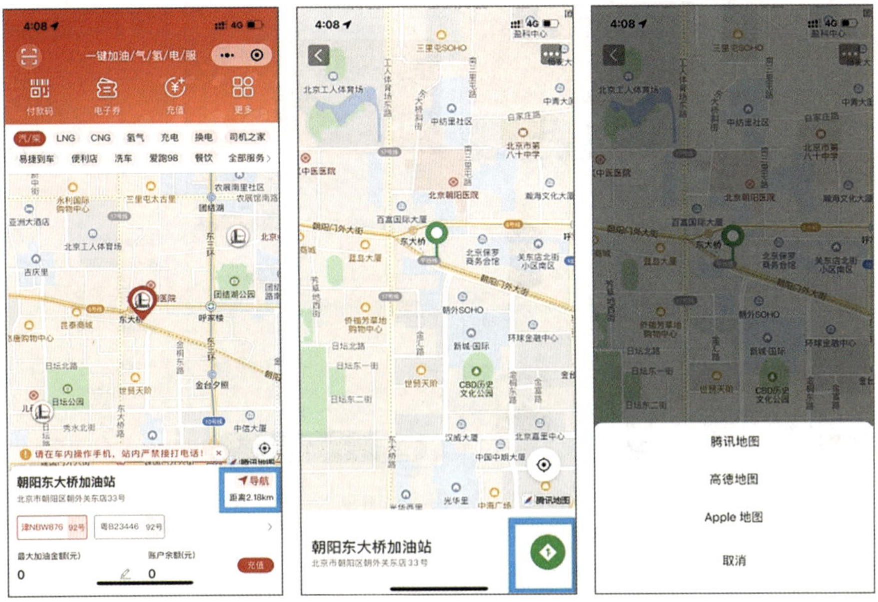

图 9.16　手机导航

（2）POS 机接单加油。进入“一键加油”，点击“加油”按钮，等待加能站接单，到站加油后自动扣款。

图 9.17 POS 机接单加油

（3）授权码加油。进入“一键加油”，点击“钱包加油”，若所选站支持授权码加油模式，将获得四位数的加油授权码。到站后，告知员工授权码，加油后自动扣款。

图 9.18 授权码加油

（4）扫码付加油。点击“一键加油”→“钱包”→人脸识别→付款码，员工扫码后，完成扣款（超过 1000 元的消费需要输入支付密码）。

图 9.19 扫码付加油

（5）闪付加油。进入“一键加油”，若所选站支持闪付加油模式，加油后，点击“其他支付”按钮，选择加油枪号，找到本次加油流水，自助付款。需在站 1km 范围内进行操作。

图 9.20 闪付加油

（6）开具发票。进入“石化钱包”，申请开具发票，选择发票抬头→添加发票抬头→编辑发票抬头→点击加油记录→确认开票，发票将通过邮件 / 短信发送。

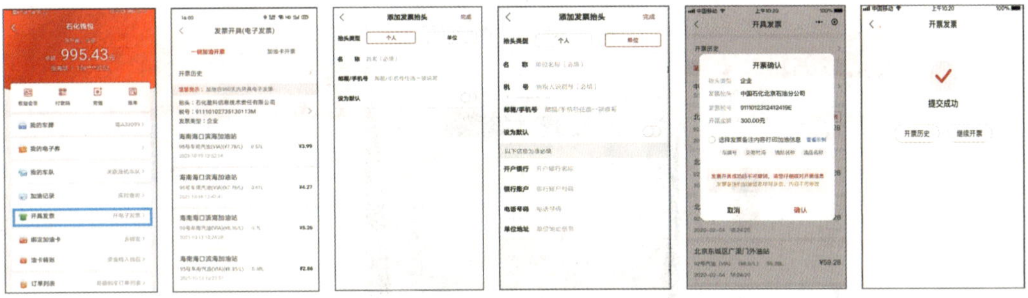

图 9.21 开具发票

9.2.8 消费（品牌合作站操作）

（1）一键加油 -POS 机接单。客户下单，员工通过手持 POS 机贴卡接单，与员工卡关联，实现加油及自动扣款。

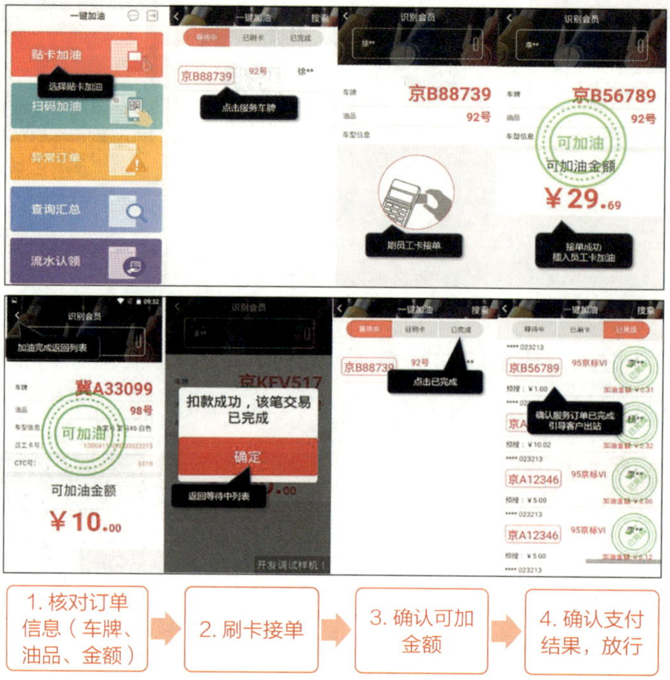

图 9.22　一键加油 - POS 机接单

（2）一键加油 - 授权码。询问客户加油授权码，在加注机上输入授权码，加油后，系统自动扣款。

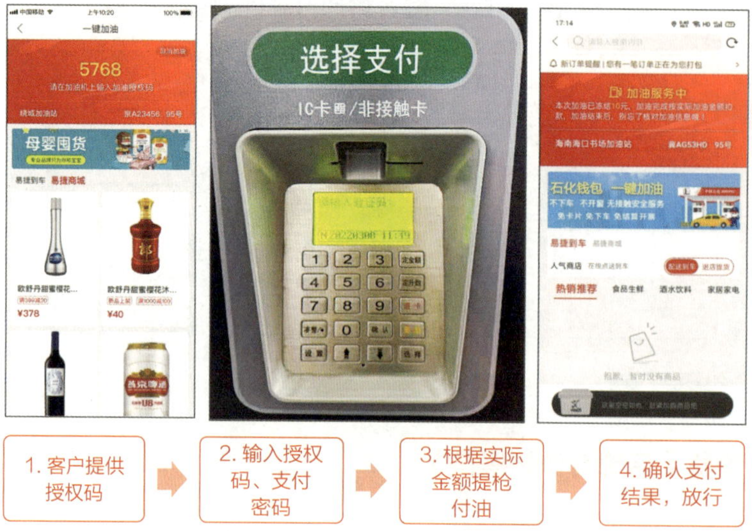

图 9.23　一键加油 - 授权码

（3）扫码付。客户 App 产生付款二维码，员工通过手持 POS 机的“扫码加油”模块，扫码收款。

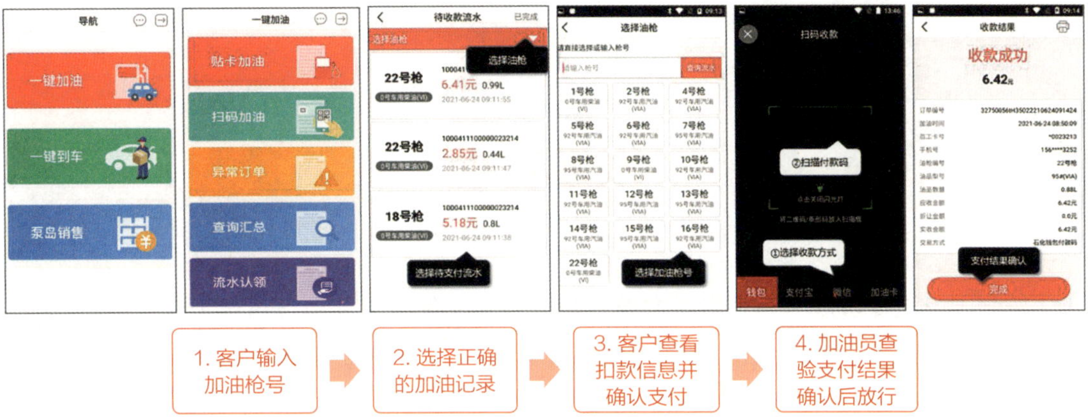

图 9.24　扫码付

（4）其他支付（闪付）。加油后，客户通过 App 选择加油枪号与加油记录，自助付款，员工查看支付结果后放行。

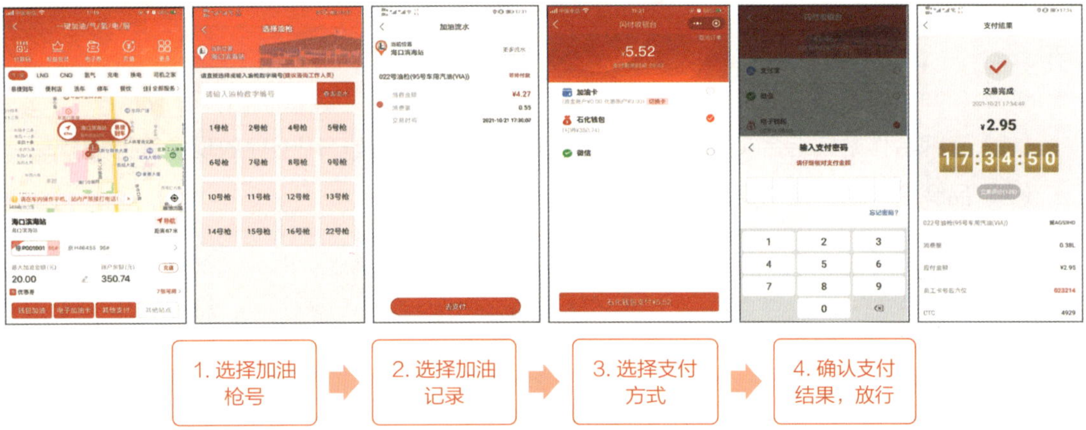

图 9.25　其他支付（闪付）

9.3 发票管理

按照国家法律法规，合规做好发票领用、开具、保管、冲销等管理工作，不得虚开、代开、转借、转让、倒卖发票，不得拒绝为正常消费的客户开具发票。

9.4 营业款管理

（1）品牌合作站应结合实际情况配备投币式保险柜等设备，用于存放现金等营业款项。

（2）品牌合作站不得从事预收款。

9.5 信息系统故障应急处置

9.5.1 快速准确上报

当中国石化配备的系统或网络发生故障时，站经理应第一时间向品牌管理专员报告，由品牌管理专员向上级信息和零售部门报告。

9.5.2 做好公告与解释

站经理根据系统及网络故障类型，及时张贴相应的故障公告，待故障排除后立即撤除。当石化钱包、加油卡、开票等系统发生故障时，员工可向顾客做如下解释。

场景一：石化钱包无法充值

“尊敬的顾客，因网络问题，电子钱包充值出现未立即到账的情况，给您带来不便深感歉意。公司正在紧急处理中，网络通畅后，我们将尽快为您处理，请耐心等待。”

场景二：石化钱包无法加油

“尊敬的顾客，因系统升级，无法使用石化钱包支付，给您带来不便深感歉意。您可使用加油卡、微信、支付宝或现金支付，如您同意，可留下联系方式，我们将补偿您损失的营销权益。感谢您的理解与配合。”

场景三：加油卡系统故障或升级

“尊敬的顾客，因系统升级，暂无法办理充值、预分配、查询等业务，给您带来不便深感歉意。您可选择石化钱包或微信、支付宝、银行卡等其他支付方式。若系统恢复，我们会立即公告。感谢您的理解和配合。”

场景四：开票系统故障或升级

“尊敬的顾客，因系统升级，暂无法开票，给您带来不便深感歉意。如您同意，可留下联系电话，系统恢复后，我们将立即为您补开。感谢您的理解和支持。”

9.5.3 强化现场应急服务

石化钱包、站级一体化等出现系统故障时，品牌合作站要及时疏导顾客负面情绪，引导顾客使用其他支付方式。如因系统故障导致顾客权益损失，要做好记录，并及时向中国石化相关部门报告。

9.5.4 加强应急预案演练

在日常工作中，品牌合作站要围绕加油卡、电子钱包、开票等信息系统故障，开展应急预案演练和培训，重点是故障报修、公告张贴、员工解释、应急服务等方面的内容，确保现实中出现问题时，品牌合作站可以精准响应。

附　件

中国石化 SINOPEC
中国石化 SINOPEC
SINOPEC
易捷
SINOPEC XPOWER
98 88.88
95 88.88
92 88.88
柴油 88.88
长城润滑油
便利店

附件 1

加能站清洁保养操作手册——视觉标准篇

一、油罐区视觉标准

1	整个油罐区域干净整洁，地面无油污、垃圾、杂草。（杂草定期拔除并修剪，冬季一个季度一次，其他季节一个月一次）
2	所有警示牌、作业指引、安全指引，整齐张贴于明显易见位置，清洁干净，规格和内容符合视觉标准。（①严禁烟火、严禁攀爬等警示标识符合标准，建议规格：680mm×680mm，采用铝板制作，安装在卸油通气管上，底部边缘距离地面 2m，特殊情况可安装在罐区围墙中心位置。②点检牌：在卸油口、人孔井内张贴点检牌，建议规格：A4 规格软磁贴，点检牌上的内容包括保点检项目、点检标准、注意事项、责任人、职业危害汽油、苯公示等）
3	人孔井、卸油口、量油口油品油罐标识内容清晰、干净，无积尘、无积水、无油污、无锈蚀，盖板油漆未褪色。[①人孔井盖：对油罐区内油品一目了然，便于站内的日常管理。背胶户外写真，使用红色、绿色、墨绿色、灰色耐油漆，标上“1 号罐 92 号汽油”等字样，规格：根据井盖的形状大小再行确定。②卸油口：明确罐号、油品品名牌号和阀门开关状态，避免计量人员卸油时误操作。卸油口盖板上标注“卸油口”字样，卸油口内标注对应罐号和油品标识牌，建议规格：红色、绿色、墨绿色、灰色，户外高清车贴 +5cm PVC 225mm×300mm，卸油口管线、快速接头密封盖喷（刷）对应油品标识色]
4	静电仪及报警器干净无油污，正常使用；列入加能站日查内容，设备使用后及时复位。（制作点检牌，建议规格：A4 规格软磁贴张贴在实际测量静电接地报警器箱顶部，点检牌上的内容包括保点检项目、点检标准、注意事项、责任人等）
5	消防间工具齐全（消防沙、消防桶、消防铲、灭火器、灭火毡、安全帽、静电线、防毒面具等），保持干净整洁（无尘、无蜘蛛网），工具可有效使用且有序摆放。按照加油加气站设计与施工规范配置，同时配备各类工具（按需配置防毒面具、消油剂、吸油毡、防护隔离栏、雪糕筒等）。（按照“四定”管理标准维护保养，即“定点摆放、定人管理、定时检查、定期换药”）
6	计量间工具齐全，保持干净整洁（无尘、无蜘蛛网），工具有效使用且有序摆放。按照标准配置各类工具：铝桶 2 个，弯型铝漏斗 2 个，量油尺 1 把，试水膏 1 支，试油膏按需配置，温度计 1 个，采样瓶按需配置等。（各类工具的有效日期及操作详见器具说明书）
7	罐区操作井静电接地线：接地规范，接地线隐蔽铺设，整个操作井内见不到接地线。（①操作井内统一设置固定静电接地极母排，靠井边设置，接地极母排需预留孔位做到单孔单线。②井内各接地线走向，须朝同一方向扎成一束。③潜泵、液位仪等设备的接地线应紧贴挠性软管底部穿行至与其他接地线汇合成束。④要求管线套管在同一侧，使用统一的防爆过线盒进行连接、封堵。⑤所有与接地母排的连接应使用铜螺丝、螺母）
8	车道埋地罐的操作井维护保养：对车道埋地罐的加油站配备一台可燃气体检测报警器，定期检测通风。日常保养方式等同于地下罐的维护保养。（①设置走车式埋地罐加能站应采用人工巡检观察和仪器检测相结合的方式进行监测。具体要求为：每日开盖观察，并使用可燃

续表

8	气体检测报警器对油罐操作井进行油气浓度检测，将检测数据记录在册。②设置走车式埋地罐加能站每日应指定专人在22:00至次日05:00期间（非繁忙时段）开盖通风。具体要求：打开操作井通气盖通风2h或打开操作井盖通风15min，在开盖通风过程中，加油站应在周边设置明显的警示标识，并全程做好安全防护工作，避免人员或车辆误入造成人身伤害和财产损失）

二、配电房 / 电房视觉标准

1	整体干净整洁，地面无垃圾、无污渍、无灰尘、无蜘蛛网；通风良好
2	警示标语和操作指引内容清晰干净，有序张贴；警示标语采用软磁贴张贴，可随时更换，无痕迹
3	消防工具处于有效使用状态，定位摆放，清洁干净
4	禁止电线裸露、杂乱。（安全实用，整洁美观，符合相关规范标准。①分配电柜、液位仪、测漏报警器及套管、接地扁铁等均应嵌入墙体内安装。②配电柜、液位仪、测漏报警器在同一墙面安装时须保持底部在一条直线上）
5	禁止摆放杂物；禁止随意张贴悬挂；墙上只张贴点检标准
6	危险禁地，需挂牌上锁
7	发电房、配电房：制作点检牌，管理制度、操作规程统一规格上墙，将巡检标准、职业危害告知（噪声部分内容）、设备保养责任人等标识嵌入墙体，避免墙上乱张贴，影响形象。建议规格：因地制宜设立规格

三、加油区域视觉标准

1	出入口无垃圾，出入口禁止停车
2	加油区绿化带无杂草、无垃圾，绿化带修剪齐整，禁止堆放杂物
3	大招牌油品标识与价格内容清晰准确，按照要求开启灯光，干净整洁，禁止随意修改和张贴内容，其周边区域无垃圾
4	雨棚檐口灯亮度稳定一致，按照要求开启灯光，禁止在檐口处悬挂横幅或宣传物料
5	价格牌（移动式和悬挂式）内容清晰准确，干净整洁无尘
6	加油区域地面整洁，无垃圾、无油污，划线清晰
7	围蔽围墙墙面整洁干净、无破损

四、洗手间区域视觉标准

1	地面无脚印、无垃圾，禁止铺纸皮
2	洗手台清洁干净，无污渍、无积水；洗手盆清洁干净，无堵塞；容貌镜悬挂稳固，干净明亮，无破损、无裂痕

续表

3	便池清洁干净，无堵塞、无异味，冲水设备正常使用
4	排气扇、风扇、烘干机正常使用，干净无污渍
5	门板、门扣、门框、合页等无损坏，整洁干净，无蜘蛛网、虫子、牛皮癣、乱涂乱画
6	墙体干净，无涂鸦，壁画、花篮、指示牌正常使用且整洁干净
五、营业室区域视觉标准	
1	营业室内整体干净整洁，无污渍，地面墙面清洁，无污渍、无杂物，无私人物品堆放
2	营业室的设备设施整洁干净，定点摆放，设备及周边无杂物堆积；除证照区、学习区，营业室墙面上一律不安排张贴物、悬挂物品等
3	安装整站钥匙箱，建议将罐区、配电房、休息室等所有的加能站常用钥匙统一放置在钥匙箱内，便于保管与取用
4	办公区文件柜只存放近两年工作所需的文件盒、报表、台账等，其他物品一律不进文件柜。（为了准确迅速查找文件资料，提高工作效率，文件盒统一命名和形迹管理。采用彩色相片纸、塑封膜，规格：42mm×182mm，字体：黑体，内容：Logo、站名、文件盒编号、文件名称等，采用形迹管理位置：文件盒中部，上下对齐）
5	办公桌面：日常应保持清洁、整齐，只放置与办公密切相关的物品，如：电脑、计算器、笔盒、订书机等物品，其他与办公无关的物品及时收纳到抽屉或者员工休息室个人储物柜中
6	统一购置手机保管盒和员工水杯收纳架，员工杯子统一贴上员工的姓名，手机统一保管
7	办公桌抽屉管理：抽屉采用格子隔开，将物品分类整理，整体效果整齐、明朗
8	证照上墙：墙面设置证照区。成品油零售许可证、工商营业执照、危险化学品经营许可证、排污许可证等上墙
9	设置学习专区：将站内服务明星、月度销售计划、经验介绍、排班表等需要公示或者学习的内容统一整合到该区域
六、员工休息及宿舍区域视觉标准	
1	员工休息室 / 活动室干净整洁
2	站内宿舍干净整洁，员工个人物品归置有序
3	站内厨房整体干净整洁，无油渍、无垃圾，餐厨设备整洁干净；餐厅座椅摆放整齐，台面干净整洁，餐厅内不堆放其他杂物
七、洗车区域视觉标准	
1	地面干净整洁，无积水、无垃圾、无污渍，排水顺畅
2	洗车设备整洁干净，围蔽栏、宣传栏和标识牌等干净整洁，车辆有序排队等候

续表

3	设备周边禁止火源，禁止摆放易燃易爆物品和杂物

八、宣传物料的视觉标准

1	宣传物料按要求张贴、摆放在相关展示位内，无破损、无污渍，整洁有序
2	宣传物料张贴方式需地市范围内统一，建议省内进行统一
3	活动单页 / 折页放在专用摆放架上，放置在收银台上，确保无折角，归类明晰整齐，折页摆放架干净无破损
4	进站口大喷绘、场地刀旗放置在进站口、场地内，确保无污渍、无破损
5	海报架（亚克力或玻璃面）根据需要固定在场地内各处，无厚尘
6	企标立柱 LED 屏、横幅内容显示完整
7	X 展架、易拉宝、加油机海报、厅内吊旗等无蛛网、无厚尘

九、收银台物料的视觉标准

1	收银台面油漆完好，无尘、无污渍，整洁干净
2	充值机、管控机、POS 机设备摆放位置在各工位对应的下方，摆放顺序从营业厅大玻璃往内依次为管控机、POS 机、充值机，相应的读卡器放在电脑左侧，扫描枪放在电脑右侧，身份证阅读器和银行 POS 机放在充值电脑前方，靠近收银台外侧离客户较近，加油卡业务公示和折页展示在充值电脑和 POS 机中间。电源线、网线等理顺扎股后放在设备侧方，尽量不裸露在外
3	收银台上不宜摆放有关销售数据、金额的资料，如报表台账等；张贴物料按要求执行，开机密码之类的内容切勿张贴
4	收银台抽屉及内柜（含顶上吊柜）内无杂物，必要物品按要求摆放，整洁干净
5	收银台灯具、电子显示屏等整洁干净，正常有效使用

加能站清洁保养操作手册——清洁保养篇

序号	清洁区域	清洁保养项目	标准配置	常态清洁要求（即加能站各区域在日常或实时状态下的常规清洁标准）	常态维护周期	定态清洁要求（即加能站各区域在固定周期频率下的常规清洁）	定态维护周期	常规清洁保养工具	深度清洁要求（对污垢严重区域通过高效清洁设备和清洁剂进行深度清洁）	深度清洁保养工具（清洁剂和设备）	深度清洁周期	安全防护用具
一、油罐区												
1	油罐区	草坪	—	发现出入口有垃圾、障碍物，随手清除，有车辆临时停放，立即礼貌劝离	需要时	佩戴棉线/帆布手套，使用剪草大剪刀修剪杂草，或拔除杂草，修剪后草坪高度不超过3cm	需要时	长夹、剪草大剪刀、棉纱手套	—	—	—	帆布手套
2	油罐区	人孔井	—	1. 井内无垃圾、积尘、积水、油污和油气，接线整齐，设备无锈蚀； 2. 液位仪接地良好，无油气渗漏； 3. 量油口无油气和油污，密封良好，上锁； 4. 井内少量积水，用干地拖将水吸干； 5. 井内大量积水，使用手摇泵将水抽尽，再用干地拖将水吸干	需要时	1. 人孔井盖板褪色，使用320粒度砂纸打磨后，购买同色油漆重新刷漆（每季度）； 2. 检查井内设备密封性并除锈，使用清洁剂清理积尘、油污（每周）	每周/每季度	地拖、手摇计量泵ZH-100A、320打磨砂纸、加厚长软毛刷、彩漆、WD-40除锈剂	1. 使用艺康泡沫发生器，将1：9兑水配制的油必克除油剂均匀喷洒在地面，使泡沫停留5~10min； 2. 使用刷子进行刷洗； 3. 使用冲水枪冲洗	油必克、泡沫压力壶、刷子、冲水枪	每周或视污物程度而定	帆布手套
3	油罐区	卸油口	—	使用棉布擦拭卸油口、量油口	收油后	1. 使用清洁剂（洗衣粉稀释）配合棉布擦拭卸油口、量油口； 2. 卸油口盖板褪色，使用320粒度砂纸打磨后，购买同色油漆重新刷漆； 3. 使用纱布和除锈剂除锈	每季度	洗衣粉、棉布、320打磨砂纸、加厚长软毛刷、彩漆、纱布、WD-40除锈剂	1. 使用泡沫发生器，将1：9兑水配制的油必克除油剂均匀喷洒在地面，使泡沫停留5~10min； 2. 使用地刷对地面进行刷洗； 3. 使用冲水枪冲洗地面，并使用地刷将污水推至下水口，对平整地面可以使用水刮刮除地面残留污水	油必克、泡沫压力壶、冲水枪	每周或视污物程度而定	丁腈手套
4	消防间	干粉灭火器（手提式和推车式）	35kg×1个 4kg×2个	使用干棉布擦拭筒体、喷管、喷嘴，检查确认无灰尘、无锈蚀、无开裂、无变形、无阻塞	每周	检查灭火器是否处于有效使用状态：压力表指针是否在正常绿色区；铅封是否完好无脱落；“四定”标签应清晰，内容规范；干粉灭火器需每周摇晃至少5个来回（使其不结块）	每周	棉布	1. 在抹布或无刮痕百洁布表面喷洒速效除油剂原液； 2. 对油污表面进行擦拭	速效除油剂，抹布或无刮痕百洁布	每周检查，每月清洁	帆布手套

续表

序号	清洁区域	清洁保养项目	标准配置	常态清洁要求（即加能站各区域在日常或实时状态下的常规清洁标准）	常态维护周期	定态清洁要求（即加能站各区域在固定周期频率下的常规清洁）	定态维护周期	常规清洁保养工具	深度清洁要求（对污垢严重区域通过高效清洁设备和清洁剂进行深度清洁）	深度清洁保养工具（清洁剂和设备）	深度清洁周期	安全防护用具
5	消防间	灭火毡	2张	抖动除灰尘、除蜘蛛网，折叠整齐，摆放有序	每周	检查是否破损或有油污，破损或油污严重则必须更换	每周	—	—	—	—	帆布手套
6	消防间	消防铜铲	2~4把	整齐有序摆放，表面洁净，无穿孔、锈蚀	每周	使用湿棉布擦拭，无灰尘、蜘蛛网，使用除锈剂除锈	每周	棉布、WD-40除锈剂	—	速效除油剂、抹布或无刮痕百洁布	—	帆布手套
7	消防间	消防桶	4~8个	整齐有序摆放，表面洁净，无穿孔、锈蚀	每周	使用湿棉布擦拭，无灰尘、蜘蛛网，使用除锈剂除锈	每周	棉布、WD-40除锈剂	—	速效除油剂、抹布或无刮痕百洁布	—	帆布手套
8	消防间	消防沙池	1个	使用湿棉布清洁沙池盖板；清理沙池异物	每周	沙池盖板洁净，无锈蚀漏点，沙子细腻、平整、不结块、洁净，定期翻整沙子；卸油口盖板褪色，使用320粒度砂纸打磨后，购买同色油漆重新刷漆	每周	消防铜铲、长夹	—	—	—	帆布手套
9	消防间	隔离栏	6~10个	整齐有序摆放，表面洁净，无锈蚀	每周	使用湿棉布和清洁剂擦拭，无灰尘、蜘蛛网	每周	棉布、洗衣粉	—	速效除油剂、抹布或无刮痕百洁布	—	帆布手套
10	消防间	雪糕筒	按需配置	整齐有序叠放，表面洁净，无破损	每周	使用湿棉布和清洁剂擦拭，无灰尘、蜘蛛网	每周	棉布、洗衣粉	—	速效除油剂、抹布或无刮痕百洁布	—	帆布手套
11	消防间	防毒面具	按需配置	整齐有序叠放，表面洁净，无破损	每周	使用湿棉布和清洁剂擦拭，无灰尘、蜘蛛网	每周	棉布、洗衣粉	—	速效除油剂、抹布或无刮痕百洁布	—	帆布手套
12	消防间	安全帽	2~4个	整齐有序叠放，表面洁净，无破损	每周	使用湿棉布和清洁剂擦拭，无灰尘、蜘蛛网	每周	棉布、洗衣粉	—	速效除油剂、抹布或无刮痕百洁布	—	帆布手套
13	消防间	静电线	1~2条	整齐有序盘放，表面洁净，无破损	每周	使用干棉布擦拭	每周	棉布	—	—	—	帆布手套
14	消防间	警示牌/标识牌	—	张贴或悬挂在指定位置，表面洁净，内容清晰，无破损，符合视觉标准	每周	使用湿棉布和清洁剂擦拭	每周	棉布、洗衣粉	—	速效除油剂、抹布或无刮痕百洁布	—	帆布手套

续表

序号	清洁区域	清洁保养项目	标准配置	常态清洁要求（即加能站各区域在日常或实时状态下的常规清洁标准）	常态维护周期	定态清洁要求（即加能站各区域在固定周期频率下的常规清洁）	定态维护周期	常规清洁保养工具	深度清洁要求（对污垢严重区域通过高效清洁设备和清洁剂进行深度清洁）	深度清洁保养工具（清洁剂和设备）	深度清洁周期	安全防护用具
15	计量间	铝桶	1~2 个	整齐有序叠放，表面洁净，无破损	使用后	使用湿棉布和稀释清洁剂擦拭	使用后	棉布、清洁剂（90 全能水）	1. 在抹布或无刮痕百洁布表面喷洒速效除油剂原液； 2. 对油污表面进行擦拭	速效除油剂、抹布或无刮痕百洁布	每周或视污物程度而定	帆布手套
16	计量间	铝漏斗	1~2 个	整齐有序叠放，表面洁净，无破损	使用后	使用湿棉布和稀释清洁剂擦拭	使用后	棉布、清洁剂（90 全能水）	—	速效除油剂、抹布或无刮痕百洁布	—	帆布手套
17	计量间	量油尺	1 把	整齐有序盘放，无破损	使用后	使用湿棉布和稀释清洁剂擦拭	使用后	棉布、清洁剂（90 全能水）	—	速效除油剂、抹布或无刮痕百洁布	—	帆布手套
18	计量间	试水膏	1 支	整齐有序摆放，无破损	需要时	使用湿棉布和稀释清洁剂擦拭	需要时	棉布、清洁剂（90 全能水）	—	—	—	帆布手套
19	计量间	试油膏（选配）	1 支	整齐有序摆放，无破损	需要时	使用湿棉布和稀释清洁剂擦拭	需要时	棉布、清洁剂（90 全能水）	—	—	—	帆布手套
20	计量间	温度计	1 个	整齐有序摆放，表面洁净，无破损	需要时	使用湿棉布和稀释清洁剂擦拭	需要时	棉布、清洁剂（90 全能水）	—	—	—	帆布手套
21	计量间	采样瓶	按需配置	整齐有序摆放，表面洁净，无破损	需要时	使用湿棉布和稀释清洁剂擦拭	需要时	棉布、清洁剂（90 全能水）	—	速效除油剂、抹布或无刮痕百洁布	—	帆布手套
二、配电房 / 电房												
1	配电房 / 电房	地面墙面	—	使用扫把清洁地面，用棉布鸡毛掸擦拭墙面，无积尘、无蜘蛛网，地面清洁无垃圾	每周	使用扫把清洁地面，用棉布鸡毛掸擦拭墙面，无积尘、无蜘蛛网	每周	棉布鸡毛掸、扫把	在抹布或无刮痕百洁布表面喷洒 1：20 配制的过氧化氢清洁剂，对墙面脏污部分进行擦拭，注意不可以直接喷洒清洁剂至墙面或物体表面	过氧化氢、喷瓶、抹布或无刮痕百洁布	每周或视污物程度而定	绝缘手套
2	配电房 / 电房	标识及工具	—	使用湿棉布擦拭警示标识、操作规范、标签等，二氧化碳灭火器、绝缘手套、绝缘鞋、绝缘胶垫、挡鼠板、防虫网等定位摆放	每周	使用湿棉布擦拭警示标识、操作规范、标签等，绝缘手套、绝缘鞋等定位摆放；二氧化碳灭火器每半年称重一次，重量减轻 5% 需更换	每周	棉布、清洁剂（洗衣粉 / 洗洁精）	1. 在抹布或无刮痕百洁布表面喷洒速效除油剂原液，不要直接喷洒清洁剂至物体表面； 2. 对油污表面进行擦拭	速效除油剂、抹布或无刮痕百洁布	—	绝缘手套

续表

序号	清洁区域	清洁保养项目	标准配置	常态清洁要求（即加能站各区域在日常或实时状态下的常规清洁标准）	常态维护周期	定态清洁要求（即加能站各区域在固定周期频率下的常规清洁）	定态维护周期	常规清洁保养工具	深度清洁要求（对污垢严重区域通过高效清洁设备和清洁剂进行深度清洁）	深度清洁保养工具（清洁剂和设备）	深度清洁周期	安全防护用具
3	配电房/电房	配电柜及设备	—	1. 无积尘、无锈蚀，关闭严密； 2. 仪表、指示灯指标正常，显示清晰，清洁无尘，开关正常； 3. 警示牌规范张贴，开关标签清晰、整洁、完好； 4. 部件完好，使用状态正常，无损坏	每周	使用棉布擦拭标识外表面，用鸡毛掸清扫积尘、蜘蛛网，用纱布清除设备部件锈蚀，用长毛刷清理积尘	每周	棉布、纱布、鸡毛掸、长毛刷	—	速效除油剂、抹布或无刮痕百洁布	每周或视污物程度而定	绝缘手套
4	配电房/电房	柴油发电机机组	—	1. 使用干棉布擦拭积尘，用清洁剂擦拭油污，用纱布清除锈蚀； 2. 检查皮带松紧度，是否老化开裂； 3. 清除排烟管阻塞物； 4. 接地线应无松动、无氧化、无锈蚀； 5. 蓄电池外表清洁，电解液高出隔板 5~7mm； 6. 润滑油在上下刻度范围内； 7. 每季度充电 3~5h	每两周	1. 用干棉布擦拭积尘，用清洁剂擦拭油污，用纱布清除锈蚀； 2. 检查皮带松紧度，是否老化开裂； 3. 清除排烟管阻塞物； 4. 接地线应无松动、无氧化、无锈蚀； 5. 蓄电池外表清洁，电解液高出隔板 5~7mm； 6. 润滑油在上下刻度范围内； 7. 每季度充电 3~5h	每两周	棉布、纱布、鸡毛掸、长毛刷、清洁剂（洗衣粉/洗洁精）	—	—	—	绝缘手套
三、加油区域												
1	加油区	出入口	—	发现出入口有垃圾、障碍物，随手清除，有车辆临时停放，立即礼貌劝离	随时	使用长尾扫把清洁垃圾，将沙粒扫至一边，再用垃圾铲装起来清理	每周	长尾扫把、塑料扫把、垃圾铲	1. 使用泡沫发生器，将 1：9 兑水配制的油必克除油剂均匀喷洒在地面，使泡沫停留 5~10min； 2. 使用地刷对地面进行刷洗； 3. 使用冲水枪冲洗地面，并使用地刷将污水推至下水口，对平整地面可以使用水刮刮除地面残留污水	油必克、泡沫压力壶、地刷、冲水枪	每周或视污物程度而定	帆布手套

续表

序号	清洁区域	清洁保养项目	标准配置	常态清洁要求（即加能站各区域在日常或实时状态下的常规清洁标准）	常态维护周期	定态清洁要求（即加能站各区域在固定周期频率下的常规清洁）	定态维护周期	常规清洁保养工具	深度清洁要求（对污垢严重区域通过高效清洁设备和清洁剂进行深度清洁）	深度清洁保养工具（清洁剂和设备）	深度清洁周期	安全防护用具
2	加油区	绿化带	—	1. 草坪：用长夹子清理垃圾、枯叶、树枝； 2. 灌木丛：用竹耙子清理垃圾、枯叶、树枝； 3. 矮树：根据现场情况穿戴合适防护用具（手套、口罩、眼罩）清理枯枝	随时	戴棉线或帆布手套，穿着安全鞋，使用大剪刀或剪草机进行修剪，修剪后草坪无杂草、枯枝，平整且不高于 3cm	每季度	长夹子、竹耙子、剪草大剪刀、剪草机、帆布手套	—	—	—	帆布手套
3	加油区	地面	—	使用长尾 / 塑料扫把打扫前庭地面，处理垃圾和沙粒，保持整洁干净	随时	使用隔离栏，逐步围蔽，分区域清洁，用除油剂 / 洗衣粉兑水喷洒地面后，使用竹扫把 / 塑料扫把对地面进行冲刷清洗，扫干积水；清理集油沟垃圾和淤泥、沙粒等	每月	除油剂、长尾扫把、塑料扫把、垃圾铲、棉纱手套、小塑料铲子	1. 使用泡沫发生器，将 1 : 9 兑水配制的油必克除油剂均匀喷洒在地面，使泡沫停留 5~10min； 2. 使用地刷对地面进行刷洗； 3. 使用冲水枪冲洗地面，并使用地刷将污水推至下水口，对平整地面可以使用水刮刮除地面残留污水	油必克、泡沫压力壶、地刷、冲水枪	视污物程度而定	帆布手套
4	加油区	檐口灯 罩棚灯	—	雨棚檐口灯和罩棚灯亮度稳定均匀，洁净且正常开启，按照要求开启灯光，禁止在檐口处悬挂横幅或宣传物料，发现故障及时报修	每月	使用隔离栏、雪糕筒等隔离，请第三方机构进行专业清洁	每半年 / 每年	隔离栏、雪糕筒	—	—	—	帆布手套
5	加油区	移动 / 悬挂价格牌 / 移动 / 悬挂广告牌 / 墙面标识牌	—	使用棉布和清洁剂擦拭价格牌、广告牌、标识牌表面，保持干净无尘，显示内容清晰准确，如无法正常显示，及时报障维修或更换。	每周	使用棉布和清洁剂擦拭价格牌、广告牌、标识牌表面，保持干净无尘，显示内容清晰准确，如无法正常显示请及时报障维修或更换	每周	棉布、90 全能水	1. 使用速效除油剂喷洒在墙面、广告牌等表面的不干胶痕迹、油污处，使用抹布或无刮痕百洁布擦拭即可； 2. 如果表面没有明显油污，使用 1 : 20 配制的过氧化氢喷洒在墙面、广告牌等表面，使用抹布或无刮痕百洁布进行擦拭 （如有电源，清洁之前请先断电）	速效除油剂、过氧化氢、喷瓶、抹布或无刮痕百洁布	每周或视污物程度而定	帆布手套

续表

序号	清洁区域	清洁保养项目	标准配置	常态清洁要求（即加能站各区域在日常或实时状态下的常规清洁标准）	常态维护周期	定态清洁要求（即加能站各区域在固定周期频率下的常规清洁）	定态维护周期	常规清洁保养工具	深度清洁要求（对污垢严重区域通过高效清洁设备和清洁剂进行深度清洁）	深度清洁保养工具（清洁剂和设备）	深度清洁周期	安全防护用具
6	加油区	地面	—	穿着反光衣，使用竹扫把打扫前庭地面，处理垃圾和沙粒，保持整洁干净	需要时	穿着反光衣，用洗衣粉兑水后，使用竹扫把对地面进行冲刷清洗，扫干积水；清理集油沟垃圾和淤泥、沙粒等	每月	反光衣、洗衣粉、竹扫把、垃圾铲	1. 使用泡沫发生器，将 1：9 兑水配制的油必克除油剂均匀喷洒在地面，使泡沫停留 5~10min； 2. 使用地刷对地面进行刷洗； 3. 使用冲水枪冲洗地面，并使用地刷将污水推至下水口，对平整地面可以使用水刮刮除地面残留污水	油必克、泡沫压力壶、地刷、冲水枪	污物程度而定	帆布手套
7	加油区	地面划线	—	检查地面划线情况，确保加油场地按油站设计规范划车位线，划线无褪色无变黑，用拖把清洁车位线上覆盖的污渍	每周	用美纹纸、地坪漆、油扫或滚筒对地面脱落的划线进行翻新	每季度	美纹纸、地坪漆、油扫或滚筒	—	油必克、泡沫压力壶、地刷、冲水枪		帆布手套
8	加油区	防撞柱及加油岛周边	—	用抹布清洁防撞柱上的灰尘，检查是否有被车辆剐蹭破损。对轻微剐蹭到的地方补漆，更换破损反光纸。清洁加油岛周边污渍	每周	对防撞柱地面螺丝固定位置容易锈蚀的地方刷油漆翻新，对防撞柱褪色的底漆、反光纸进行更换。翻新加油岛周边	每季度	光漆、反光纸、油刷	使用速效除油剂喷洒在抹布或无刮痕百洁布上，擦拭防撞柱表面油污	速效除油剂、抹布或无刮痕百洁布	每周或视污物程度而定	帆布手套
9	加油区	路牙	—	清除路牙上覆盖的杂草、积尘	需要时	用地坪漆对路牙进行翻新，路牙有黄黑相间警戒色，相间宽度宜为 50cm	每季度	美纹纸、地坪漆、油扫或滚筒	1. 使用泡沫发生器，将 1：9 兑水配制的油必克除油剂均匀喷洒在地面，使泡沫停留 5~10min； 2. 使用地刷对地面进行刷洗； 3. 使用冲水枪冲洗地面，并使用地刷将污水推至下水口，对平整地面可以使用水刮刮除地面残留污水	油必克、泡沫压力壶、地刷、冲水枪	每周或视污物程度而定	帆布手套

续表

序号	清洁区域	清洁保养项目	标准配置	常态清洁要求（即加能站各区域在日常或实时状态下的常规清洁标准）	常态维护周期	定态清洁要求（即加能站各区域在固定周期频率下的常规清洁）	定态维护周期	常规清洁保养工具	深度清洁要求（对污垢严重区域通过高效清洁设备和清洁剂进行深度清洁）	深度清洁保养工具（清洁剂和设备）	深度清洁周期	安全防护用具
10	加油区	油岛及服务箱	—	使用湿地拖清洁油岛台面四周，擦干积水；用毛巾沾洗洁精擦拭服务箱，使用干棉布擦拭灭火器、喷管、喷嘴，检查确认无灰尘、无锈蚀、无开裂、无变形、无阻塞	每班班结	穿着反光衣，洗衣粉兑水后，使用地拖清洗油岛台面四周，用干地拖擦干积水；用毛巾沾洗洁精擦拭服务箱；检查灭火器是否处于有效使用状态：压力表指针是否在正常绿色区；铅封是否完好无脱落；“四定”标签是否清晰，内容是否规范	每周	反光衣、洗衣粉、地拖、毛巾、洗洁精	使用速效除油剂喷洒在油岛及服务箱表面油污上，使用抹布或无刮痕百洁布擦拭即可	速效除油剂、抹布或无刮痕百洁布	每周或视污物程度而定	帆布手套
11	加油区	立柱及立柱广告指引标识	—	使用玻璃擦海绵头浸水擦拭立柱、广告牌、指引牌，再用玻璃擦胶头刮除水渍	每班班结	使用喷瓶装入稀释清洁剂喷在立柱表面（都洁铝板外墙清洁剂）和立柱广告牌／指引牌（洗洁精），1min 后，用玻璃擦海绵头擦拭，再用玻璃擦胶头刮除水渍，最后使用干棉布擦拭	每周	玻璃擦、喷瓶、棉布、洗洁精、都洁铝板外墙清洁剂	1. 使用速效除油剂喷洒在立柱、立柱广告牌等表面的不干胶痕迹、油污表面，使用抹布或无刮痕百洁布擦拭即可； 2. 如果表面没有明显油污，使用 1 : 20 配制的过氧化氢喷洒在广告牌等表面，使用抹布或无刮痕百洁布进行擦拭	速效除油剂、抹布或无刮痕百洁布，过氧化氢、喷瓶	每周或视污物程度而定	安全帽、帆布手套
12	加油区	加油机及铅封	—	使用鸡毛掸扫除蜘蛛网，用稀释清洁剂（90 全能水、洗洁精）湿润棉布擦拭加油机面板、加油枪、管线、油品标识、消防沙桶	每周	使用鸡毛掸扫除蜘蛛网，用稀释清洁剂（90 全能水、洗洁精）湿润棉布擦拭加油机面板、加油枪、管线、油品标识、消防沙桶	每周	鸡毛掸、90 全能水、洗洁精、棉布	使用速效除油剂喷洒在抹布或无刮痕百洁布上，擦拭加油机表面油污	速效除油剂、抹布或无刮痕百洁布	每周或视污物程度而定	帆布手套
13	加油区	静电接地线	—	用稀释清洁剂（90 全能水、洗洁精）湿润棉布擦拭防撞柱，用干棉布擦拭静电接地线	每班班结	用稀释清洁剂（90 全能水、洗洁精）湿润棉布擦拭防撞柱（如脱色严重则购买油漆重新上色），用干棉布擦拭静电接地线，用干纱布除锈渍	每季度	90 全能水、洗洁精、棉布、纱布、彩色油漆、毛刷	—	—	—	帆布手套
14	加油区	围墙	—	围墙表面有损坏脱落影响视觉标准，需及时报障维修	需要时	使用塑料扫把清扫后，再用水管进行冲洗	每季度	塑料扫把、水管	—	—	—	帆布手套

续表

序号	清洁区域	清洁保养项目	标准配置	常态清洁要求（即加能站各区域在日常或实时状态下的常规清洁标准）	常态维护周期	定态清洁要求（即加能站各区域在固定周期频率下的常规清洁）	定态维护周期	常规清洁保养工具	深度清洁要求（对污垢严重区域通过高效清洁设备和清洁剂进行深度清洁）	深度清洁保养工具（清洁剂和设备）	深度清洁周期	安全防护用具
15	加油区	墙体海报	—	禁止出现小广告牛皮癣，海报平整铺放，内容清晰准确	每周	使用铲子清除小广告牛皮癣，海报平整铺放，使用湿棉布浸入洗洁精擦拭干净，再用干棉布擦干	每月	小铲子、棉布、洗洁精	使用 1：20 配制的过氧化氢喷洒在墙面广告牌等表面，使用抹布或无刮痕百洁布进行擦拭	过氧化氢、喷瓶、抹布或无刮痕百洁布	每周或视污物程度而定	帆布手套
16	加油区	刀旗及三角彩旗	—	摆放在指定位置，整齐统一，不影响车辆客流，破损需及时处理并更换	每周	使用稀释的洗衣粉搓洗晾干	每月	洗衣粉	—	—	—	帆布手套
17	加油区	隔离围墙	—	—	—	围蔽围墙墙面整洁干净、无破损，建议重新刷漆或增加墙体海报修饰（做企业宣传）	每季度	油漆及粉刷工具	—	—	—	安全帽、帆布手套、口罩
18	加油区	品牌柱	—	—	—	聘请第三方进行清洁	每半年	—	—	—	—	—
四、洗手间区域												
1	洗手间区域	洗手间墙面	—	清洁时摆放“小心地滑”提示牌，用水管冲洗墙壁，用棉布或玻璃擦擦拭干净	每日	清洁时摆放“小心地滑”提示牌，用清洁剂装入喷瓶喷洒至墙壁（不锈钢门可使用 90 全能水），用棉布擦拭	每日	90 全能水或洗洁精、棉布、喷瓶	1. 使用泡沫发生器，将 1：5 配制的省力波溶液均匀喷洒在便池内部污垢集中处； 2. 对便池附近墙面、地面污垢处喷洒省力波； 3. 待便池内清洁剂作用 5min 以上，使用马桶刷对重点污垢部分进行刷洗，冲水； 4. 待地面上清洁剂作用 5min 以上，使用地刷或者拖把对地面进行擦洗，自然风干	省力波、艺康泡沫发生器。后期采用过氧化氢、喷瓶	如需深度清洁，首次使用省力波，后期日常清洁可使用过氧化氢和喷瓶	丁腈手套、口罩、安全帽
2	洗手间区域	洗手间地面	—	用湿地拖拖净脚印，再用干地拖擦干净；建议铺设深灰色镂空隔水地垫，防滑防脚印；地垫要求每 3 天冲洗一次	每班	清洁时摆放“小心地滑”提示牌，将洗衣粉 / 洁而亮清洁剂洒在地面，用塑料扫把搓洗地面污渍。如铺设地垫则需要每周刷洗一次	每日	地拖、小心地滑提示牌、塑料扫把、洗衣粉、洁而亮清洁剂	—	省力波、艺康泡沫发生器。后期采用过氧化氢，喷瓶	—	丁腈手套、口罩

续表

序号	清洁区域	清洁保养项目	标准配置	常态清洁要求（即加能站各区域在日常或实时状态下的常规清洁标准）	常态维护周期	定态清洁要求（即加能站各区域在固定周期频率下的常规清洁）	定态维护周期	常规清洁保养工具	深度清洁要求（对污垢严重区域通过高效清洁设备和清洁剂进行深度清洁）	深度清洁保养工具（清洁剂和设备）	深度清洁周期	安全防护用具
3	洗手间区域	洗手间门板	—	将用 90 全能水稀释装入喷瓶，喷洒至污渍表面，用湿毛巾擦拭，保持干净整洁、无牛皮癣无小广告	每日	使用鸡毛掸扫除蜘蛛网，再将 90 全能水稀释装入喷瓶，喷洒至污渍表面，用湿毛巾擦拭	每周	90 全能水、棉布、喷瓶、鸡毛掸	1. 将速效除油剂喷洒在洗手间门板上，使用抹布或无刮痕百洁布擦拭即可； 2. 如果门板表面有锈蚀，使用泡沫喷瓶将 1：5 配制的省力波喷洒在门板表面，擦拭，过水风干即可	速效除油剂、抹布或无刮痕百洁布、省力波	每周或视污物程度而定	丁腈手套、口罩、安全帽
4	洗手间区域	排气扇及风扇	—	保持排气扇、风扇正常运作，如故障损坏，需及时维修或更换	需要时	使用六级或以上人字梯，佩戴安全帽，关闭电源，用稀释洗洁精浸湿棉布或毛巾擦拭后，再用干毛巾擦干	每周	人字梯、安全帽、洗洁精、棉布、毛巾	使用速效除油剂喷洒在抹布或无刮痕百洁布上，擦拭排气扇以及风扇表面油污	速效除油剂、抹布或无刮痕百洁布	每周或视污物程度而定	丁腈手套、口罩、安全帽
5	洗手间区域	洗手台及洗手盆	—	使用洗洁精和湿毛巾擦拭，用水将污渍冲干净	每班	顽固污渍可将洁而亮清洁剂或威猛先生喷在污渍表面，用百洁布擦拭干净	每周	毛巾、百洁布、洁而亮清洁剂、威猛先生清洁剂	1. 使用泡沫发生器，将 1：5 配制的省力波溶液均匀喷洒在便池内部污垢集中处； 2. 对便池附近墙面、地面污垢处喷洒省力波； 3. 待便池内清洁剂作用 5min 以上，使用马桶刷对重点污垢部分进行刷洗，冲水； 4. 待地面上清洁剂作用 5min 以上，使用地刷或者拖把对地面进行擦洗，自然风干	省力波、艺康泡沫发生器。后期采用过氧化氢、喷瓶	如需深度清洁，首次使用省力波，后期日常清洁可使用过氧化氢和喷瓶	丁腈手套、口罩
6	洗手间区域	便池及周边设备	—	使用威猛先生洁厕液喷于表面，1min 后用马桶刷擦拭清洁，冲水洗净便池内外	每班	使用威猛先生洁厕液喷于表面，1min 后用马桶刷擦拭清洁，冲水洗净便池内外	每周	威猛先生洁厕液、马桶刷	—	省力波、艺康泡沫发生器。后期采用过氧化氢、喷瓶	—	丁腈手套、口罩
7	洗手间区域	洗手间容貌镜、壁画、花篮、烘干机等	—	使用湿棉布或毛巾擦拭，用干棉布擦干，禁止摆放发霉壁画，镜面和壁画破损发霉需及时更换	需要时	使用湿棉布或毛巾擦拭，除灰	每月	棉布、毛巾	1. 使用 1：20 配制的过氧化氢，喷洒在抹布或无刮痕百洁布上或者待清洁表面； 2. 擦拭脏污表面，风干即可	过氧化氢、喷瓶	每天清洁	丁腈手套、口罩

续表

序号	清洁区域	清洁保养项目	标准配置	常态清洁要求（即加能站各区域在日常或实时状态下的常规清洁标准）	常态维护周期	定态清洁要求（即加能站各区域在固定周期频率下的常规清洁）	定态维护周期	常规清洁保养工具	深度清洁要求（对污垢严重区域通过高效清洁设备和清洁剂进行深度清洁）	深度清洁保养工具（清洁剂和设备）	深度清洁周期	安全防护用具
8	洗手间区域	环境气味	—	保持自动喷香机正常运作，如没电或故障损坏，需及时换电池、维修或更换	需要时	使用湿棉布或毛巾擦拭，除灰	每周	棉布、毛巾	—	—	—	丁腈手套、口罩
9	洗手间区域	垃圾桶	—	卫生间蹲位、洗手台旁垃圾桶内垃圾达到三分之二，需更换新垃圾袋	需要时	清洗垃圾桶，检查有否损坏，损坏需采买新桶	每周	冲水枪、毛巾	使用速效除油剂喷洒在垃圾桶油污表面，使用专用抹布或无刮痕百洁布擦拭即可	速效除油剂、抹布或无刮痕百洁布	每周或视污物程度而定	丁腈手套、口罩
10	旱厕	地面	—	1. 瓷砖地面，用湿地拖拖净脚印、污渍，再用干地拖擦干净； 2. 水泥地面，使用扫把清扫干净； 3. 保持地面干净整洁，无蛆虫、无烟蒂、无废纸垃圾	每班班结	清洁时摆放“小心地滑”提示牌，将洗衣粉洒在地面，用塑料扫把搓洗地面污渍。夏季使用杀虫剂消杀蛆虫、蚊蝇	需要时或每周	地拖、喷瓶、洗衣粉、杀虫剂、小心地滑提示牌	将洁厕灵（顽垢清洁剂）均匀喷洒在地面上；待地面上清洁剂作用 5min 以上，使用地刷或者拖把对地面进行擦洗，自然风干	洁厕灵（顽垢清洁剂）、地刷、拖把	每季度	丁腈手套、口罩
11	旱厕	墙面	—	清除小广告，清除涂鸦，保持墙壁整洁干净	需要时	使用小木铲清除小广告，将除胶剂喷于表面（余胶、涂鸦），使用干毛巾擦干	需要时	小木铲、除胶剂、毛巾	对非瓷砖墙面使用涂料粉刷	滚刷、涂料、口罩、手套	每年	丁腈手套、口罩
12	旱厕	蹲坑	—	大便坑位周边地面清洁无污垢，盖板表面保持清洁。清除异味及蛆虫，撒石灰粉，夏季每周不低于 1 次，冬季每月不低于 1 次	夏季每周 / 冬季每月	使用扫把、簸箕清扫大便坑位周边，撒匀石灰粉，佩戴好口罩、手套、防护眼镜	夏季每周	石灰粉、口罩、防护眼镜、橡胶手套、铁锹	—	—	—	丁腈手套、口罩
五、营业室区域												
1	营业室区域	主机（管控机、POS 机、发卡点主机等设备）	—	使用棉布和长毛刷清洁外表面，整洁、无锈、无尘、无污迹，固定摆放，干燥通风良好，设备上及周边禁止摆放杂物，及时清洁拆洗设备的防尘滤网	每周	每季度运维人员到站进行主机内部清洁（网线、电线杂乱布置需协调运维中心统一整理）	每季度	棉布、鸡毛掸、长毛刷	1. 使用 1：20 配制的过氧化氢，喷洒在抹布或无刮痕百洁布上（不可直接喷洒在有电设备表面）； 2. 擦拭脏污表面，风干即可	过氧化氢、喷瓶、抹布或无刮痕百洁布	每周或视污物程度而定	棉纱手套、口罩

续表

序号	清洁区域	清洁保养项目	标准配置	常态清洁要求（即加能站各区域在日常或实时状态下的常规清洁标准）	常态维护周期	定态清洁要求（即加能站各区域在固定周期频率下的常规清洁）	定态维护周期	常规清洁保养工具	深度清洁要求（对污垢严重区域通过高效清洁设备和清洁剂进行深度清洁）	深度清洁保养工具（清洁剂和设备）	深度清洁周期	安全防护用具
2	营业室区域	机柜	—	机柜整洁无污迹，机柜内禁止摆放任何杂物，风扇及托板干净无积尘。各站根据实际情况定做机柜，摆放网络设备，并梳理各种线路	每月	使用鸡毛掸除尘后，用湿棉布擦拭，定期清洗风扇和托板（关闭电源后拆洗风扇，除尘除杂物）	每月	鸡毛掸、棉布、毛巾	—	过氧化氢、喷瓶、抹布或无刮痕百洁布	—	棉纱手套、口罩
3	营业室区域	网络设备	—	交换机、路由器、调制解调器表面及附属电源整洁、干净、无尘，设备及周围禁止摆放杂物，保持良好通风	每周	使用棉布擦拭，用长毛刷清扫，除尘除杂物	每周	棉布、长毛刷	—	过氧化氢、喷瓶、抹布或无刮痕百洁布	—	棉纱手套、口罩
4	营业室区域	液位仪控制台设备	—	外部清洁无污渍，屏幕明亮，铅封完好无破损	每周	使用棉布擦拭，长毛刷清扫，除尘除杂物	每周	棉布、长毛刷	—	过氧化氢、喷瓶、抹布或无刮痕百洁布	—	棉纱手套、口罩
5	营业室区域	视频监控设备	—	主机、显示器和摄像头或枪表面干净整洁，无锈无尘，使用正常，设备上及周边禁止摆放杂物，保持干燥通风	每周	检查摄像头是否有效运作，如有画面缺失、模糊、角度不对的问题需及时报修	每周	棉布、毛巾、鸡毛掸、长毛刷	—	过氧化氢、喷瓶、抹布或无刮痕百洁布	—	棉纱手套、口罩
6	营业室区域	税控机及附属设备	—	税控机、读卡器、鼠标和键盘表面清洁干净，对卡片进行保养	每月	使用棉布擦拭，用长毛刷清扫，除尘除杂物	每月	棉布、长毛刷	—	过氧化氢、喷瓶、抹布或无刮痕百洁布	—	棉纱手套、口罩
7	营业室区域	办公设备（电脑、打印机、复印机、点钞机、电话机、空调、风扇、排气扇等）	—	保持设备整洁干净，定期关机拆洗保养，除尘除污渍，设备通风良好，无杂物堆放	每日	使用棉布擦拭表面，用长毛刷清扫缝隙，除尘除杂物，定期拆洗空调滤网，打印机导向杆点润滑油等	每月	棉布、长毛刷	—	过氧化氢、喷瓶、抹布或无刮痕百洁布	—	棉纱手套、口罩

续表

序号	清洁区域	清洁保养项目	标准配置	常态清洁要求（即加能站各区域在日常或实时状态下的常规清洁标准）	常态维护周期	定态清洁要求（即加能站各区域在固定周期频率下的常规清洁）	定态维护周期	常规清洁保养工具	深度清洁要求（对污垢严重区域通过高效清洁设备和清洁剂进行深度清洁）	深度清洁保养工具（清洁剂和设备）	深度清洁周期	安全防护用具
8	营业室区域	办公家具、文具用具等	—	办公家具和文件文具定位有序摆放，整洁不杂乱	每日	使用棉布擦拭表面，用长毛刷清扫缝隙，除尘除杂物	每周	棉布、长毛刷	—	过氧化氢、喷瓶、抹布或无刮痕百洁布	—	安全帽、棉纱手套、口罩
9	营业室区域	证照和荣誉信息栏	—	油站各类经营所需证照有序悬挂或摆放，干净整洁，悬挂证照均在有效期内，荣誉信息栏内容清晰，干净整洁	每周	使用棉布、毛巾擦拭表面，除尘除杂物	每月	棉布、毛巾	—	过氧化氢、喷瓶、抹布或无刮痕百洁布	—	安全帽、棉纱手套、口罩
六、员工休息区 & 宿舍区												
1	休息区 & 宿舍区	地面及墙面	—	墙面及地面整洁、干净、无污渍，浴室保持良好通风	每日	用扫把清扫，用洗衣粉兑水湿润地拖进行清洗，瓷砖墙面可使用稀释的洁而亮清洁剂湿润毛巾擦拭，石灰墙面可使用鸡毛掸清扫	每月	扫把、地拖、毛巾、鸡毛掸、洁而亮清洁剂	1. 清理地面大块污物； 2. 使用拖把配合 1∶9 配制的油必克拖干净地面，最后一步拖干地面步骤，尽量将拖把拧干； 3. 更换拖把或者使用清水涮洗拖把； 4. 使用拖把配合消毒水溶液，对地面进行消毒，保证消毒水在地面停留 10min 以上，风干	油必克、消毒片、拖把、榨水车	每周或视污物程度而定	安全帽、棉纱手套、口罩
2	休息区 & 宿舍区	家具设备（门、桌、椅、柜、架子、床等）	—	各类家具正常使用，家居用品分类整齐摆放，不杂乱，如损坏需及时维修更换	需要时	用洗洁精湿润毛巾擦拭干净，有序摆放	每周	洗洁精、毛巾	1. 使用 1∶20 配制的过氧化氢，喷洒在抹布或无刮痕百洁布上或待清洁物体表面（不可直接喷洒在有电设备表面）； 2. 擦拭脏污表面，风干即可（如有电源，清洁之前请先断电）	过氧化氢、喷瓶、抹布或无刮痕百洁布	每周或视污物程度而定	安全帽、棉纱手套、口罩

续表

序号	清洁区域	清洁保养项目	标准配置	常态清洁要求（即加能站各区域在日常或实时状态下的常规清洁标准）	常态维护周期	定态清洁要求（即加能站各区域在固定周期频率下的常规清洁）	定态维护周期	常规清洁保养工具	深度清洁要求（对污垢严重区域通过高效清洁设备和清洁剂进行深度清洁）	深度清洁保养工具（清洁剂和设备）	深度清洁周期	安全防护用具
3	休息区&宿舍区	电器设备（电视、风扇、空调、消毒柜、冰箱、热水器、微波炉、热水壶、抽油烟机等）	—	各类家电电器正常使用，如有故障需及时维修更换，在规定容量范围内安全用电	需要时	关闭电源，用洗洁精湿润毛巾擦拭空调进出风口及消毒柜、抽油烟机、微波炉等电器，用湿毛巾擦拭热水器、热水壶等其他设备，再用干毛巾擦干，高空作业需使用人字梯，佩戴安全帽	每周	洗洁精、毛巾、安全帽、人字梯	—	过氧化氢、喷瓶、抹布或无刮痕百洁布	—	安全帽、棉纱手套、口罩
4	休息区&宿舍区	干粉灭火器	—	使用干棉布擦拭筒体、喷管，检查确认无灰尘、无锈蚀、无开裂、无变形、无阻塞	每周	检查灭火器是否处于有效使用状态：压力表指针是否在正常绿色区；铅封是否完好无脱落；“四定”标签是否清晰，内容是否规范；干粉灭火器需每周摇晃至少 5 个来回（使其不结块），二氧化碳灭火器每半年称重一次，重量减少需及时更换	每周	棉布	—	过氧化氢、喷瓶、抹布或无刮痕百洁布	—	安全帽、棉纱手套、口罩
七、洗车区域												
1	自动洗车区域	地面	—	地面排水顺畅，整洁干净，无积水、污渍、垃圾	每日	用扫把清扫地面垃圾和积水	每日	扫把	1. 使用泡沫发生器 将 1：9 兑水配制的油必克除油剂均匀喷洒在地面，使泡沫停留 5~10min； 2. 使用地刷对地面进行刷洗； 3. 使用冲水枪冲洗地面，并使用地刷将污水推至下水口，对平整地面可以使用水刮刮除地面残留污水	油必克、泡沫压力壶、地刷、冲水枪	污物程度而定	安全帽、棉纱手套、口罩
2	自动洗车区域	设备及周边	—	设备正常有效使用，定期检查喷头、喷孔有无堵塞，定期清理排水沟和沉淀池内污泥；使用百洁布和洗洁精擦拭周边围蔽和指引标识	按需要求厂家维护	关闭电源，使用玻璃擦擦拭外表面，使用垃圾铲清除污泥	按需要求厂家维护	玻璃擦、扫把、垃圾铲、百洁布、洗洁精	将速效除油剂喷洒在抹布或无刮痕百洁布上，对表面油污擦拭即可（如有电源，清洁之前请先断电）	—	每周或视污物程度而定	安全帽、棉纱手套、口罩

续表

序号	清洁区域	清洁保养项目	标准配置	常态清洁要求（即加能站各区域在日常或实时状态下的常规清洁标准）	常态维护周期	定态清洁要求（即加能站各区域在固定周期频率下的常规清洁）	定态维护周期	常规清洁保养工具	深度清洁要求（对污垢严重区域通过高效清洁设备和清洁剂进行深度清洁）	深度清洁保养工具（清洁剂和设备）	深度清洁周期	安全防护用具
3	自动洗车区域	配电箱	—	设备及周边干净整洁，无火源、无易燃易爆物品	按需要求厂家维护	在进行任何清洁和保养时，应先切断电源。请专业第三方机构进行维护检修	按需要求厂家维护	棉布、毛巾	—	—	—	安全帽、棉纱手套、口罩
八、宣传物料												
1	宣传物料	进站口大喷绘	进站口、场地内	无破损污秽，视觉感官清洁靓丽	每日	使用棉布和清洁剂擦拭喷绘表面，保持干净无尘，显示内容清晰准确，如无法正常显示请及时报障维修或更换	每日	棉布、清洁剂	1. 使用 1：20 配制的过氧化氢，喷洒在抹布或无刮痕百洁布上； 2. 擦拭脏污表面，风干即可	过氧化氢、喷瓶、抹布或无刮痕百洁布	—	棉纱手套、口罩
2	宣传物料	场地刀旗	进站口、场地内	无破损污秽，视觉感官清洁靓丽	需要时	用砂纸清除旗杆焊接处锈迹，使用清水冲洗旗面和旗杆，自然悬挂晾干旗面，用干抹布擦干旗杆，确保刀旗干净整洁，旗杆无锈迹	每周	砂纸、抹布	—	—	—	棉纱手套、口罩
3	宣传物料	活动单页 / 折页	厅内、厅外	单页 / 折页无折角、破损、污秽，摆放架无破损、污秽	每天	使用棉布、毛巾擦拭表面，除尘除杂物	每天	棉布、毛巾	—	过氧化氢、喷瓶、抹布或无刮痕百洁布	—	棉纱手套、口罩
4	宣传物料	X 展架易拉宝	厅内、厅外	无破损污秽，视觉感官清洁靓丽	—	—	—	—	—	—	—	棉纱手套、口罩
5	宣传物料	厅前大海报	厅前进口处	有序悬挂或摆放，干净整洁，悬挂、摆放海报均在活动有效期内，活动信息内容清晰，干净整洁	每天	使用棉布、毛巾擦拭表面，除尘除杂物	每周	棉布，毛巾	1. 使用 1：20 配制的过氧化氢，喷洒在抹布或无刮痕百洁布上； 2. 擦拭脏污表面，风干即可	过氧化氢、喷瓶、抹布或无刮痕百洁布	—	棉纱手套、口罩

续表

序号	清洁区域	清洁保养项目	标准配置	常态清洁要求（即加能站各区域在日常或实时状态下的常规清洁标准）	常态维护周期	定态清洁要求（即加能站各区域在固定周期频率下的常规清洁）	定态维护周期	常规清洁保养工具	深度清洁要求（对污垢严重区域通过高效清洁设备和清洁剂进行深度清洁）	深度清洁保养工具（清洁剂和设备）	深度清洁周期	安全防护用具
6	宣传物料	企标立柱 LED 屏	企标立柱	确保无蛛网、明显污渍，显示内容清晰准确，如无法正常显示，及时报障维修或更换	需要时	使用专业的电动毛刷清理显示屏模组表面的灰尘或污垢。清理时用电动毛刷水平均匀地清扫，根据显示屏的污染程度和年限或老化程度可反复清扫	每周	电动毛刷	吹尘后，将专用清洗液用喷瓶喷洒在 LED 显示屏的表面进行清洗，注意不能将清洗液弄到 LED 模组背面，清洗后自然风干。这一步的清洗可以由生产厂家进行售后维护	电动毛刷、LED 专用清洗液、喷瓶	—	安全帽、棉纱手套、口罩
7	宣传物料	便利店 LED 横幅	便利店门口横幅	确保无蛛网、明显污渍，显示内容清晰准确，如无法正常显示，及时报障维修或更换	需要时	使用专业的电动毛刷清理显示屏模组表面的灰尘或污垢。清理时用电动毛刷水平均匀地清扫，根据显示屏的污染程度和年限或老化程度可反复清扫	每周	电动毛刷	吹尘后，将专用清洗液用喷瓶喷洒在 LED 显示屏的表面进行清洗，注意不能将清洗液弄到 LED 模组背面，清洗后自然风干。这一步的清洗可以由生产厂家进行售后维护	电动毛刷、LED 专用清洗液、喷瓶	—	棉纱手套、口罩
8	宣传物料	加油机海报	油机上方广告位	有序悬挂或摆放，干净整洁，海报均在活动有效期内，活动信息内容清晰，干净整洁	每天	使用棉布、毛巾擦拭表面，除尘除杂物	每周		1. 使用 1：20 配制的过氧化氢，喷洒在抹布或无刮痕百洁布上； 2. 擦拭脏污表面，风干即可	过氧化氢、喷瓶、抹布或无刮痕百洁布	—	棉纱手套、口罩
9	宣传物料	厅内吊旗	便利店墙顶	无破损污秽，不卷边，视觉感官清洁靓丽	需要时	使用湿抹布擦拭表面，自然风干	每周	抹布	—	—	—	棉纱手套、口罩
10	宣传物料	加油机小贴纸	油表显示屏上方	无破损污秽，不卷边，视觉感官清洁靓丽	每天	使用湿抹布擦拭表面，自然风干	每周	抹布	—	—	—	棉纱手套、口罩
11	宣传物料	收银台爆炸贴	收银台	无破损污秽，视觉感官清洁靓丽	需要时	有破损直接更换			—	—	—	棉纱手套、口罩

续表

序号	清洁区域	清洁保养项目	标准配置	常态清洁要求（即加能站各区域在日常或实时状态下的常规清洁标准）	常态维护周期	定态清洁要求（即加能站各区域在固定周期频率下的常规清洁）	定态维护周期	常规清洁保养工具	深度清洁要求（对污垢严重区域通过高效清洁设备和清洁剂进行深度清洁）	深度清洁保养工具（清洁剂和设备）	深度清洁周期	安全防护用具
九、收银台物料												
1	收银台物料	收银台桌面	充值电脑、管控机、POS 机、热敏机、身份证阅读器、加油卡业务公示、折页展示转架、计算机、验钞机	收银台面油漆完好，无尘、无污渍，按要求陈列，整洁干净，设备定位摆放，宣传物料有褪色的及时更换，禁止在收银台面摆放杂物，水渍、污渍及时清理，先用湿抹布擦拭，再用干抹布擦干水渍	每班	收银台面油漆完好，无尘、无污渍，按要求陈列，整洁干净，设备定位摆放，宣传物料有褪色的及时更换，禁止在收银台台面摆放杂物，水渍、污渍及时清理，先用湿抹布擦拭，再用干抹布擦干水渍	每天	抹布	用洗涤灵加水制成清洁溶液，如果可能，可使用热水以增强去污能力，清洁时轻重适宜，如底材上痕迹无法根除的，不要过度擦洗，不要让溶液在设备外表面上干燥，应在20min内用清水清洁干净，清洁完毕后，再用干净的干毛巾把水渍擦干净	1. 清洁工具及清洁溶液应为非摩擦性、非易燃性，酸碱性适中（9>pH>5），不含氯、酮、苯等成分； 2. 禁止使用天那水等酸性带腐蚀液体擦洗； 3. 清洗时不应用力过度，防止物品表面损坏	每周或视污物程度而定	丁腈手套、口罩
2	收银台物料	收银台抽屉	—	抽屉内物品摆放整齐有序，存放充值款等现金的抽屉，应做到人离柜随手上锁，避免资金管理风险	每班	物品摆放有序，用湿抹布擦拭后用干抹布擦干	每天	抹布	用洗涤灵加水制成清洁溶液，如果可能，可使用热水以增强去污能力，清洁时轻重适宜，如底材上痕迹无法根除的，不要过度擦洗，不要让溶剂在设备外表面上干燥，应在20min内用清水清洁干净，清洁完毕后，再用干净的干毛巾把水渍擦干净	1. 清洁工具及清洁溶液应为非摩擦性、非易燃性，酸碱性适中（9>pH>5），不含氯、酮、苯等成分； 2. 禁止使用天那水等酸性带腐蚀液体擦洗； 3. 清洗时不应用力过度，防止物品表面损坏	每周或视污物程度而定	丁腈手套、口罩

续表

序号	清洁区域	清洁保养项目	标准配置	常态清洁要求（即加能站各区域在日常或实时状态下的常规清洁标准）	常态维护周期	定态清洁要求（即加能站各区域在固定周期频率下的常规清洁）	定态维护周期	常规清洁保养工具	深度清洁要求（对污垢严重区域通过高效清洁设备和清洁剂进行深度清洁）	深度清洁保养工具（清洁剂和设备）	深度清洁周期	安全防护用具
3	收银台物料	收银台下柜	电脑主机、管控机、打印机、充值用表单	无尘、无污渍，按要求陈列，整洁干净，设备定位摆放，禁止在收银台下面摆放杂物及私人物品，水渍、污渍及时清理，先用湿抹布擦拭，再用干抹布擦干水渍。表单纸张较多时需统一归档摆放，不得随意放置	每日	无尘、无污渍，按要求陈列，整洁干净，设备定位摆放，禁止在收银台下面摆放杂物及私人物品，水渍、污渍及时清理，先用湿抹布擦拭，再用干抹布擦干水渍。表单纸张较多时需统一归档摆放，不得随意放置	每天	抹布	用洗涤灵加水制成清洁溶液，如果可能，可使用热水以增强去污能力，清洁时轻重适宜，如底材上痕迹无法根除的，不要过度擦洗，不要让溶剂在设备外表面上干燥，应在20min内用清水清洁干净 清洁完毕后，再用干净的干毛巾把水渍擦干净	1. 清洁工具及清洁溶液应为非摩擦性、非易燃性，酸碱性适中（9>pH>5），不含氯、酮、苯等成分； 2. 禁止使用天那水等酸性带腐蚀液体擦洗； 3. 清洗时不应用力过度，防止物品表面损坏	每周或视污物程度而定	丁腈手套、口罩
4	收银台物料	收银台上柜	按要求摆放纸巾、方便面等较轻商品	物品应整齐摆放，做到无尘、无污渍，避免摆放重物	需要时	物品应整齐摆放，做到无尘、无污渍，避免摆放重物	每天	抹布	用洗涤灵加水制成清洁溶液，如果可能，可使用热水以增强去污能力，清洁时轻重适宜，如底材上痕迹无法根除的，不要过度擦洗，不要让溶剂在设备外表面上干燥，应在20min内用清水清洁干净，清洁完毕后，再用干净的干毛巾把水渍擦干净	1. 清洁工具及清洁溶液应为非摩擦性、非易燃性，酸碱性适中（9>pH>5），不含氯、酮、苯等成分； 2. 禁止使用天那水等酸性带腐蚀液体擦洗； 3. 清洗时不应用力过度，防止物品表面损坏	每周或视污物程度而定	丁腈手套、口罩

续表

序号	清洁区域	清洁保养项目	标准配置	常态清洁要求（即加能站各区域在日常或实时状态下的常规清洁标准）	常态维护周期	定态清洁要求（即加能站各区域在固定周期频率下的常规清洁）	定态维护周期	常规清洁保养工具	深度清洁要求（对污垢严重区域通过高效清洁设备和清洁剂进行深度清洁）	深度清洁保养工具（清洁剂和设备）	深度清洁周期	安全防护用具
5	收银台物料	宣传物料	按需配置	对内的宣传物料一律不许在营业厅内摆放，对外公示物料与营销物料应在每个吧台营业区划定一块指定区域摆放；对外公示物料的清洁维护参照宣传物料相关要求进行	需要时	对内的宣传物料一律不允许在营业厅内摆放，对外公示物料与营销物料应在每个吧台的营业区划定一块指定区域摆放；对外公示物料的清洁维护参照宣传物料相关要求进行	每周	抹布	—	—	每周或视污物程度而定	丁腈手套、口罩

加能站清洁保养操作手册——清洁用品篇（建议非强制标准）

序号	分类	名称	规格型号	用途
1	日常清洁剂	玻璃清洁剂（瓶）	500g（威猛先生）	清洗玻璃、镜面
2	日常清洁剂	花露水（瓶）	195mL（六神）	兑水稀释装于喷瓶，喷洒洗手间，除异味
3	日常清洁剂	化油清洁剂（罐）	410mL（3M）	按使用说明，喷在加油机、加油枪、立柱、人孔井等处化油去污
4	日常清洁剂	洁厕灵（瓶）	900g	清洗洗手间
5	日常清洁剂	洗洁精（罐）	4kg（柠檬味）	兑水稀释喷于洗手池、台、镜面、厨房，除油污
6	日常清洁剂	洗衣粉（包）	2kg	兑水装入脱水桶用竹扫把刷洗前庭及罐区水泥地面
7	日常清洁工具	剪草大剪刀（个）	可伸缩，最长 745mm，波浪刀头	绿化带、隔离带剪草
8	日常清洁工具	玻璃刮水器（把）	长度 160cm，可伸缩，擦窗器	刮干玻璃面 / 镜面水渍
9	日常清洁工具	除尘掸（鸡毛掸）（把）	伸缩折叠，最长可 1.5m	室内除尘
10	日常清洁工具	丁腈手套（个）	9 码，耐酸碱、防滑、耐油	清洁防护
11	日常清洁工具	垃圾袋（包）	55cm×65cm，平口款，背心式，加厚，10 个 / 包	装垃圾
12	日常清洁工具	小方巾（条）	30cm×30cm	用于擦拭
13	日常清洁工具	长夹子（把）	柄长 81cm，可折叠	夹垃圾
14	日常清洁工具	棉拖把（把）	麦当劳、肯德基通用款拖把	清洁地面
15	日常清洁工具	气压式喷雾气壶（个）	*H*：90+210=300mm，*W*：135mm，400g，1.5L	装兑水清洁剂
16	日常清洁工具	长毛刷（把）	5 寸	清洁键盘、各类设备的缝隙，除尘
17	日常清洁工具	马桶刷（把）	50cm	清洗洗手间
18	日常清洁工具	圆头棉线拖把（把）	柄长 110cm，棉线 26cm，加固款拖把	清洁地面

续表

序号	分类	名称	规格型号	用途
19	日常清洁工具	胶扫把（把）	柄长：132cm，扫把宽：38cm，刷毛长：9.5cm，耐用款	清扫地面
20	日常清洁工具	垃圾铲（簸箕）（个）	口宽：约 28cm，深度：约 23cm，高度：约 78cm，PP 塑料、不锈钢手柄	装垃圾
21	日常清洁工具	垃圾桶（与垃圾袋尺寸配套）（个）	27cm×31cm，灰色，10L	装垃圾
22	日常清洁工具	手提水桶（个）	33cm×30cm，16L	装水
23	日常清洁工具	拖把脱水桶（与 24 圆头拖把配套）（个）	桶高 30cm，桶底宽 31cm，桶口宽 28cm，底部有轮款	地拖脱水
24	日常清洁工具	高压水枪水管套装（个）	高压水枪套装（含水枪），20m	用于冲洗洗手间地面和前庭罐区地面
25	日常清洁工具	多功能清洁车（台）	110cm×70cm×50cm（白云）	移动清洁时装工具和用品
26	日常清洁工具	竹扫把（把）	竹竿 130cm，宽 30cm，扫把头长 80cm，加厚款	清扫前庭地面
27	日常清洁工具	百洁布（包）	10cm×8cm，8 片装	清洁洗手池、台面、镜面、厨房等
28	日常清洁工具	钢丝球 6 个装（包）	6 个 / 包	清洁洗手池、台面、镜面、厨房等
29	高效清洁剂	速效除油剂	945mL/ 瓶	清洁洗手间涂鸦、加油机 / 加油枪 / 加油机键盘、收银背柜、站内各种表面油污、各种不干胶痕迹
30	高效清洁剂	地板清洁剂（包）	包	清洁走廊地板
31	高效清洁剂	过氧化氢（桶）2L	2L	清洁卫生间便池、地面、墙面、洗手池、镜子以及其他表面；收银台、液晶屏、门窗等各种表面

续表

序号	分类	名称	规格型号	用途
32	高效清洁剂	省力波（桶）	艺康	清洁卫生间便池、地面、墙面、洗手池
33	高效清洁剂	油必克（桶）	艺康	清洁加油站檐口及高空标识，走廊地板，加油站前庭地面
34	高效清洁工具	长杆机（台）	琛雄	清洁檐口和外墙及门楣
35	高效清洁工具	泡沫发生器（台）	艺康	用于把高效清洁剂勾兑水后加压起泡，喷洒到油污地面进行清洁

附件 2

加油机常见故障及解决方法

常见现象	解决方法
1. 加油机天热不出油 （1）夏天，汽油加油机常出现不出油现象； （2）中午气温高时，加油机一直排气，不出油，早上晚上恢复正常出油； （3）气温最高的几天，全天不出油	（1）先检查油罐放置位置是否规范。若油罐埋得太浅，太阳直晒时，油罐内油液温度太高，油液容易汽化，引起管道内气体过多，加油机加油时，会出现一直排气，不出油。 （2）若油罐放置规范，再检查管道敷设是否规范。若管道放置太浅或有“几”字形忽高忽低现象，太阳照射引起管线和油品温度升高，油品在管道内会形成大量的气体，出现严重的气阻现象，引起加油机排气不出油。 （3）若油罐放置、管道敷设都规范，检查加油机温度是否太高。若加油机防晒设施不完善，机器内部温度太高，油品在机器内部气化现象较严重，造成加油机一直排气。 （4）若以上均正常，检查加油机排气是否通畅。天气热时，加油机排气量增大，在油泵内会聚集大量的气体而不出油。 （5）部分特殊地区的站，海拔高、气压低、昼夜温差大，自吸泵加油机管道内容易形成“气穴”现象，会在管道内形成气体，引起加油机大量排气。 （6）部分特殊地区的站，较易出现“加油机天热不出油”的故障，若油罐管道敷设规范且防晒措施良好，可有效减少或规避此类情况
2. 加油机开机不出油 （1）加油机开关机正常； （2）油泵声音很轻，好像空转，提枪不出油； （3）油泵声音很重，提枪不出油； （4）机器噪声很大，但不出油	（1）检查电动机是否正常。若电动机转速慢、电动机倒转，都会导致油泵不能形成负压，不出油。 （2）检查皮带传递是否正常。若皮带过松、皮带老化，都会导致油泵不能形成负压，不出油。 （3）检查管道底阀是否正常。若一直排气，可能是管道漏气，若停机电动机倒转，可能是底阀卡死。 （4）检查出油阀是否正常。若出油阀卡死，油泵声音很重，油泵有油也不能输送到加油枪。 （5）检查油泵溢流阀是否正常。若溢流阀密封不严，油泵声音很轻，油泵内部不能形成负压。 （6）检查电磁阀是否正常。若电磁阀打不开，机器噪声很大，但不出油。 （7）检查流量计是否正常。若流量计卡死，机器噪声很大，但不出油
3. 加油机提枪走字 （1）加油机开关正常，出油正常； （2）提枪加油时，加油枪没打开显示屏已少量走字	（1）检查输油胶管是否过长或有老化现象。因输油胶管有一定的膨胀性，当胶管较长时，开机瞬间胶管膨胀，有少量油液进入胶管引起计数。特点：每次计数数值基本一样。

续表

常见现象	解决方法
3. 加油机提枪走字 （1）加油机开关正常，出油正常； （2）提枪加油时，加油枪没打开显示屏已少量走字	（2）检查底阀或管道是否漏油。在两次加油间隔期内，管道内液位逐渐降低，下次加油时有部分气体进入流量计，推动流量计转动计数。间隔时间越长，下次开机时加油计数就越多，且打开加油枪时有气体排出，需维修管道。 （3）检查出油阀是否密封不严。当出油阀密封不严时，会引起部分油液倒流回油泵或部分气体进入流量计，导致加油机刚开机时没有油加出，开枪不停地排气，显示屏会跟着跳字（计数），过一会才出油。 （4）检查管道是否有“几”字形。当管道有“几”字形时，管道内会停留气体，出现气阻现象，引起加油机开机没加油就计数，需维修管道系统
4. 加油时机器内部有异响 （1）异响可能是电动机发出的声音； （2）可能是油泵发出的声音； （3）可能是电磁阀的声音； （4）可能是机器共振发出的声音	（1）检查声音是否从电机发出。若声音是从电机发出，一般是由电动机缺相引起的，应立即关机，避免烧坏电动机，并检查进入加油机的三相电源是否缺相，如缺相，请检查电源及电源线，如电源不缺相，则检查电动机控制电路。 （2）检查是否从油泵发出。若声音是从油泵发出，一般是由油泵内部故障引起的，如叶片弹簧碎裂或泵内进入异物。若油泵溢流阀调 得紧，也会出现此类故障。 （3）检查是否从电磁阀发出。若声音是从电磁阀发出，可能是电磁阀线圈出现故障，伴随着发热、振动等现象，遇见此类故障，一定要立即关机，避免机器故障更严重，并更换合格的电磁阀。 （4）检查是否是机器共振发出。若声音是机器共振发出，可能是机器安装不合格，也可能是维修加油机时机器内部结构件、门板、面板没装好或螺栓没拧紧
5. 加油机出油慢 （1）加油机开关机正常； （2）计量正常； （3）出油慢，流量不超过20~30L； （4）调节溢流阀无效； （5）个别机器共振较大	（1）检查底阀是否运动灵活。若底阀进入杂质或底阀运动不灵活，有卡顿的现象，都有可能造成油泵出油慢，遇到这种情况，只能更换底阀。 （2）检查加油机输油管道是否有“几”字形或忽高忽低。在管道“几”字的最高处，往往会停滞油气（气体相对油液密度小），加油机很难把此类管道的气体排完，因管道内有部分气体存在，会把油路流动截面降低，引起加油机出油慢，此类情况常发生在夏天。 （3）检查加油机输油管道是否过长。加油机输油管道从油罐到加油机之间标准距离是 30m，最长不要超过 50m，若管道过长，加油机就会出油慢，甚至不出油，机器振动也较大。 （4）检查过滤网是否堵塞。在加油机内部，至少有 3 道过滤网装置，任意一道过滤网堵塞，都有可能造成加油机出油慢，机器振动大。

续表

常见现象	解决方法
5. 加油机出油慢 （1）加油机开关机正常； （2）计量正常； （3）出油慢，流量不超出20~30L； （4）调节溢流阀无效； （5）个别机器共振较大	（5）检查油泵溢流阀是否正常。溢流阀在刚开机时处于密封状态，当液压系统达到一定压力时，溢流阀自动打开。若溢流阀该密封时密封不严，可引起油泵出油慢，甚至导致油泵不能形成负压，加油机不出油。 （6）检查出油阀（或称高压阀、平衡阀）是否能灵活打开。若出油阀有异物，出油阀打开关闭会不畅，引起加油机出油慢或油量不稳，需要清洗出油阀。 （7）检查皮带是否正常。若皮带过松或老化，电动机转动时，皮带会打滑，油泵转速低，加油机出油慢。 （8）检查电磁阀是否正常。若有杂质进入，可能会引起加油机大流量出油慢，甚至不出油，小流量出油更慢，遇到这种情况，往往机器振动较大，维修方法是清洗或更换电磁阀。 （9）检查加油枪胶管接头是否堵塞。加油枪胶管接头最细的部位，可能被胶管内壁脱落的橡胶块堵塞，引起加油枪出油慢
6. 加油机单相电机不启动 （1）使用单相电机的加油机往往是小型加油机或特殊加油机； （2）加油机供电电压低的时候，电动机启动不正常； （3）加油机供电电压正常，电动机有时启动不正常； （4）拿起加油枪，电动机有时能启动，有时不能启动； （5）加油时，加油机转动转速和声音有时异常	（1）检查加油机电源线是否规范。根据《加油机供电电源线规范安装要求》规定：加油机的电源总开关设在室内，开关保险应根据电动机启动时电流来确定。电源线应选择耐油、耐腐蚀性能好的四芯多股铜芯的双层保护电缆（$2.5mm^2 \times 4$）。使用单相电机时，用户电源线应为截面积不小于 $6mm^2$ 的铜芯护套线，否则，可能造成电动机不能启动或出现烧坏电动机故障。禁止使用单股导线和铝芯线。参照以上规定，要先检查加油机电源线是否为截面积不小于 $6mm^2$ 的铜芯护套线，或是单股导线和铝芯线。若电源线过细，会引起电动机供电电压不足，电动机启动困难或转速慢，发出“嗡嗡”的声音，若加油站不注意，可能会烧坏电机。 （2）通过以上检查，若发现电源线不正常或不规范，需更换电源线。 （3）若电源线正常，就要检查加油站的电压是否经常波动，用电高峰时，电压是否过低。 （4）若加油站大量用电设备同时使用时，比如加油机都加油，加油站电压就降低，可以判断出是加油站供电线路不正常，需更换供电线路
7. 加油机送不上电的故障 （1）一送电就跳闸，反复送不上； （2）一提枪就跳闸，反复送不上； （3）加油的时候偶尔跳闸	（1）出现第一种故障现象，其加油机有漏电的故障，不应给加油机送电，加油机漏电有很大的安全隐患，要及时将故障排除再送电。 （2）出现第二种故障现象，其原因是加油机电动机或电磁阀有漏电的故障，处理方法详见第一种故障。 （3）出现第三种故障现象，其原因是加油机工作电流太大，或三相电不平衡引起个别相电不平衡，可把加油机油泵压力降低或重新安装转动部件。若三相电不平衡，需要在配电盘上把用电设备用电功率调均匀一些。

续表

常见现象	解决方法
7. 加油机送不上电的故障 （1）一送电就跳闸，反复送不上； （2）一提枪就跳闸，反复送不上； （3）加油的时候偶尔跳闸	（4）当出现以上三种故障时，还要注意以下事项：①不要在加油机的供电开关上加装漏电保护器；②在选择加油机供电空气开关时，要选择正品部件（额定电流 15A），不要过大或过小，否则起不到保护作 用；③更换加油机强电部件时，一定要选择正品部件
8. 加油机皮带易损坏的故障 （1）加油机皮带容易损坏； （2）加油机皮带不久就变松、裂缝、老化	（1）出现第一种故障，原因包括：①皮带质量问题；②皮带安装不规范，皮带在非正常传动状态工作；③电动机皮带轮与油泵皮带轮不在一个平面上；④皮带调节过紧。 （2）出现第二种故障，原因包括：①加油机内部漏油，有油液滴在皮带上，导致皮带腐蚀，加速皮带老化；②皮带张紧轮安装支架变形，致使张紧轮倾斜，加速皮带磨损
9. 加油机视油器玻璃破裂的故障 （1）在天气最热的时候，加油机视油器玻璃出现破裂的情况比较多； （2）加油机视油器玻璃破裂但不定期，与外界环境因素关系不明显	（1）出现第一种故障，原因包括：①加油机温度太高，加油量偏少，致使加油机内油液温度升高，体积膨胀，压力过大，使视油器玻璃破裂；②加油机泵压太高，胶管受到意外的挤压，致使视油器玻璃破裂，如车辆碾压胶管；③与加油机相连的油罐是高压罐，温度高时内部压力太大，致使视油器玻璃破裂。 （2）出现第二种故障，原因包括：①加油机油泵溢流阀有时工作不正常，出现卡死，油液压力过大致使视油器玻璃破裂；②油泵压力调节过大，加油机在没开枪状态下，电动机空转时间过长，加油员在回收胶管时，胶管受到外力挤压，造成视油器玻璃破裂
10. 加油枪易损坏的故障 （1）加油枪频繁自封； （2）加油枪小流量不自封； （3）加油枪不自封； （4）加油枪关闭后漏油； （5）加油枪漏油； （6）加油枪不出油或流量小	（1）出现第一种故障，原因可能是加油枪嘴进气管被堵或加油枪自封机构开关膜上腔弹簧力过小。 （2）出现第二种故障，原因可能是加油枪自封机构开关膜上腔弹簧力过大。 （3）出现第三种故障，原因包括：①自封机构开关膜上腔与外界密封不严；②加油枪转接套和副阀座上的“O”形密封圈损坏；③加油枪转接套的气孔被堵；④自封机构开关膜上腔弹簧力过大。 （4）出现第四种故障，原因可能是主阀或副阀有异物，导致密封不严。 （5）出现第五种故障，原因包括：①加油枪与胶管的活动接头处漏油，需要更换活动接头；②加油枪嘴与枪体的结合处渗漏，需要更换转接套上的密封圈；③主阀顶部压盖处渗漏，需要拧紧压盖或更换密封圈；④顶杆枪体密封处渗漏，此处是加油枪的薄弱环节，漏油后加油枪修复的可能性不大，需要更换加油枪，这也是影响加油枪寿命最重要的因素。 （6）出现第六种故障，原因可能是加油枪滤网或油带接头被异物堵塞，需要清洗

续表

常见现象	解决方法
11. 加油机计量不准确 （1）加油时，计量不稳定，出油忽多忽少，超出 ±3‰； （2）加油时，计量超差，超出 ±3‰，但重复性错误较小； （3）加油时，计量超差，超出加油机精度要求 ±3‰，但重复性错误较大； （4）加油时，随气温变化，加油机计量精度变化比较明显； （5）随着加油机加油间隔过长，加油机计量精度出现变化； （6）有时计量准确，有时计量不准确，但不固定期限或时间	（1）出现第一种故障，原因包括：①加油机流量计磨损严重，超出流量计使用周期，需要更换流量计；②流量计进入硬性杂物，把流量计活塞或缸划伤，需要维修或更换流量计。 （2）出现第二种故障，原因包括：①加油机油泵输出不平稳，需要检修油泵；②加油机油气分离功能失效，需要检修油气分离部分设备。 （3）出现第三种故障，原因包括：①流量计磨损严重；②编码器或主板出现故障；③加油机油气分离功能失效。 （4）出现第四种故障，原因包括：①加油机油气分离功能失效或排气不通；②加油机管线或底阀出现泄漏；③加油机管线不规范，或管线有气阻。 （5）出现第五种故障，原因包括：①加油机管线或底阀出现泄漏；②加油机管线不规范，或管线有气阻。 （6）出现第六种故障，原因包括：①编码器和主板之间连接电缆插头松动；②编码器轴过分灵活；③编码器或主板出现故障；④机器振动过大
12. 加油机排气管往外喷油 （1）加油时排气管往外喷油； （2）不加油时，排气管往外喷油； （3）天气热时，排气管往外喷油； （4）天气冷时，排气管往外喷油	（1）出现第一种故障，原因包括加油机油气分离部件出现故障或回油阀打不开。 （2）出现第二种故障，原因包括管线油液压力大，浮子、回油阀功能失常。 （3）出现第三种故障，原因包括：①加油机管线铺设过浅，天气热时，管线温度升高，油液膨胀；②加油机安装不规范，机器温度高。 （4）出现第四种故障，原因包括浮子不能浮起、回油阀卡死，常发生于柴油加油机，需要清洗
13. 加油机加油时停顿 （1）加油时，加油枪出油有时停顿，电动机一直转动； （2）加油时，加油枪出油有时停顿，电动机停止； （3）加油时，加油枪出油有时停顿，电动机停止，显示屏回零； （4）加油时，加油枪出油有时停顿，电动机停止，显示屏显示 767676……	（1）出现第一种故障，原因包括：①油泵溢流阀有时工作不正常；②管线有气阻；③油底阀有时打开不畅。 （2）出现第二种故障，原因可能是加油机电气部分连接线松动或部件故障。 （3）出现第三种故障，原因可能是加油机油枪联动开关出现故障。 （4）出现第四种故障，原因可能是加油机供电电压不稳定或加油机电源板输出电压不稳定

续表

常见现象	解决方法
14. 加油时流量由大变小 （1）加油时，机器声音突然变小，流量逐渐变小； （2）加油时，机器声音突然变大，流量逐渐变小	（1）出现第一种故障，排除方法：①检查加油机过滤系统是否被堵，包括所有的过滤器，发现被堵，就要仔细清洗或更换；②检查皮带是否老化或过松，特别是夏天；③检查溢流阀，看是否有杂质、磨损严重或运动不灵活；④检查出油阀、平衡阀或高压阀，看是否有杂质、磨损严重或运动不灵活；⑤检查电磁阀，看是否有杂质、磨损严重或运动不灵活。 （2）出现第二种故障，排除方法：①检查流量计，看转动轴是否均速转动，是否有噪声；②检查加油枪活结或主阀，看是否有堵塞、磨损严重或运动不灵活；③检查油底阀，看是否有堵塞、磨损严重或运动不灵活；④检查管线，特别是接头部位，看是否堵塞、磨损严重或运动不灵活；⑤检查管线是否敷设规范，若排气管不停排气，则极可能是管线的问题
15. 加油机参数累计数跳变 （1）加油机参数累计数偶尔出现跳变现象； （2）加油机参数累计数经常出现跳变现象	（1）出现第一种故障，原因包括：①主板故障，可能是电池失效损坏或电压不足；②电源板故障。 （2）出现第二种故障，原因包括：①加油机内部电缆排线接触不良；②加油机供电开关接触不良；③加油机接地线不规范或没接好。避免出现此类故障的方法：①加油机不要经常人为停电，否则将会降低加油机内部电池的使用寿命；②加油机接地线线径标准应选用 $4mm^2$ 以上的多股铜线；③电压不稳时，不应给加油机送电或加油操作；④加油机供电开关一定要选正品；⑤加油站加油现场尽量不要使用通信设备和其他大型用电设备，避免信号干扰
16. 定量加油多走字。定量加油时，多走几角钱或几分钱	出现此类故障，排除故障方式：①电磁阀主阀故障，需要更换电磁阀；② IC 卡加油机，出现此类故障，键盘显示屏显示“电磁阀故障，请更换电磁阀”；③电磁阀控制电路出现故障；④加油机主板故障
17. 加油机喇叭故障 （1）加油机喇叭不停地响； （2）加油机喇叭阶段性响	（1）出现第一种故障，原因包括：①键盘进水或粘连；②键盘插头进水。 （2）出现第二种故障，原因包括：①编码器故障；②加油机供电线路不规范；③加油机行程开关状态不正常；④加油机锁机；⑤加油机处于报警状态

续表

常见现象	解决方法
18. 加油时流速忽大忽小 （1）加油机加油时流速忽大忽小，机器噪声大； （2）加油机加油时流速忽大忽小，机器噪声小	（1）出现第一种故障，可做以下检查逐步排除故障：①检查加油机过滤系统是否被堵，包括所有的过滤器，发现被堵，要仔细清洗或更换；②检查皮带是否老化或过松，特别是夏天；③检查溢流阀，看是否有杂质、磨损严重或运动不灵活；④检查出油阀、平衡阀或高压阀，看是否有杂质、磨损严重或运动不灵活；⑤检查电磁阀，看是否有杂质、磨损严重或运动不灵活；⑥检查流量计，看转动轴是否均速转动，是否有噪声；⑦检查加油枪活接头或主阀，看是否有堵塞、磨损严重或运动不灵活；⑧检查油底阀，看是否有堵塞、磨损严重或运动不灵活；⑨检查管线，特别是接头部位，看是否有堵塞、磨损严重或运动不灵活； （2）出现第二种故障，可做以下检查逐步排除故障：①输油管线敷设不规范，忽高忽低，有气阻；②输油管线下埋太浅，太阳直射，管线内温度升高易形成气泡，产生气阻；③检查管线敷设是否规范，若排气管不停排气，则有可能是管线的问题
19. 加油时不能停机 （1）定量加油时不能停机； （2）非定量加油时不能停机	（1）出现第一种故障，可做以下检查逐步排除故障：①人为操作原因，在加油机预置加油操作时，忘记先按“清零”键，引起“定量没定住”；②检查加油机加油枪行程开关是否有故障，或行程开关联动装置是否出现行程偏差，引起加油机关不了机。 （2）出现第二种故障，可做以下检查逐步排除故障：①检查继电器触点是否出现粘连；②检查交流接触器是否出现粘连；③检查固态继电器是否击穿；④检查主板是否出现故障
20. 加油机经常不开机或断续开机 （1）加油机经常出现不开机故障； （2）加油机有时出现断续开机故障	（1）出现第一种故障，可能是：①加油机供电开关接触不良；②加油机供电线路不正常；③加油机加油枪行程开关接触不良或行程装置不到位。 （2）出现第一种故障，可能是：①加油机直流供电线路接触不良或电源板出现故障；②加油机主板出现故障
21. 有时不开机 有时出现不开机状态，但出现故障时间不定，有时一天出现几次，有时几天出现一次	可做以下检查逐步排除故障：①加油机供电开关接触不良；②加油机供电线路不正常；③加油机加油枪行程开关接触不良或行程装置不到位；④加油机供电电压不正常；⑤加油机直流供电线路接触不良或电源板出现故障；⑥加油机主板出现故障；⑦检查管控系统设置 / 加油机工作状态设置是否正常
22. 油液含有气体 （1）加油有时停顿，在停顿时有气体排出；	可做以下检查逐步排除故障：①检查加油机排气管是否堵塞；②若排气管排气正常，要重点检查加油机进油口阀门接头是否有漏油或漏气现象；③检查油罐放置是否规范。若油罐埋得太浅，太阳直晒，

续表

常见现象	解决方法
（2）加油枪出油时不断有气体排出； （3）加油枪出油时出气； （4）加油枪一直大量排气，有时会伴随少部分油	油罐内温度太高，油液容易汽化，引起管道内气体过多，加油机加油时，加油枪出油有停顿，在停顿时有气体从加油枪排出；④若油罐放置规范，检查管道铺设是否规范。若管道放置太浅或有“几”字形忽高忽低现象，太阳照射引起管线内部油液温度升高，产生大量气体，出现气阻现象，导致加油机一直排气，出油量很小或不出油；⑤若油罐放置、管道敷设都规范，检查加油机温度是否正常。若加油机防晒设施不完善，机器内部温度太高，油液在机器内部汽化现象比较严重，引起加油机内聚气过多
23. 加油机开机加油时出油缓慢 （1）加油时，声音正常，出油缓慢； （2）机器声音很轻，出油缓慢； （3）机器噪声很大，出油缓慢	（1）检查电机转动是否正常。若电机转动慢或倒转，都不能形成足够负压，导致出油缓慢。 （2）检查皮带传送是否正常。若皮带过松或老化，油泵无法形成足够负压，导致出油缓慢。 （3）检查油泵底阀是否正常。若停机电动机倒转，可能底阀卡死。 （4）检查出油阀工作是否正常。若出油阀卡死，油泵声音很重，使出油缓慢。 （5）检查油泵溢流阀工作是否正常。若溢流阀密封不严，机器噪声很大，会引起出油缓慢。 （6）检查电磁阀工作是否正常。若电磁阀打不开，机器噪声很大，会引起出油缓慢。 （7）检查流量计工作是否正常。若流量计卡死，机器噪声很大，会引起出油缓慢
24. 加油机不能报税 （1）新加油机不能报税； （2）加油机曾经报过税，现在不能报税了； （3）加油机装机好多年了，现在报税不成功了； （4）加油机有时能报税，有时不能报税	（1）出现第一种故障，检查税务 POS 机与加油机程序兼容问题或接口不兼容问题，要检查税务 POS 机，可让税务局换税务 POS 机试试。 （2）出现第二种故障，检查加油机报税口是否损坏或接触不好；要检查是否主板有问题，但概率较小。 （3）出现第三种故障，检查税务 POS 机与加油机程序兼容问题或接口不兼容问题，主要检查税务 POS 机。 （4）出现第四种故障，检查加油机报税口是否损坏或接触不好，主要检查税务 POS 机
25. 加油机不能调单价 （1）单价不能调； （2）单价可以调，但过一段时间又可调； （3）单价调后，只要提枪加油单价就回零	（1）出现第一种故障，检查加油机参数锁损坏或参数锁插头松动问题。 （2）出现第二种现象，检查是否由加油机外部干扰引起的，若经常出现此类故障，可以重点排除加油机外界干扰因素或更换主板。 （3）出现第三种故障，只需把价格重新调入即可。若是防作弊加油机，可能是主板或编码器发生故障

续表

常见现象	解决方法
26. 装入 PSAM 卡后，键盘提示“PSAM 复位失败”	（1）检查与 PSAM 卡通信线是否插好。 （2）检查 PSAM 卡通信线的线序是否正确。 （3）检查 PSAM 卡是否接触不好，重新插拔一下 PSAM 卡。 （4）将 PSAM 卡座重新上电
27. 插入 IC 卡后，提示“启用日期未到”或者“失效卡”	（1）查询加油机时间，是否为当前时间； （2）查询 IC 卡的启用日期与截止日期

附件 3

加能站设备设施检查标准

区域	设备	检查内容	检查方式	检查频次	检查人
教育培训	证件管理	电工、电（气）焊工、锅炉等特殊工种应持有效证件上岗，特种设备管理、操作及巡护人员应持有效证件上岗	查资料	年	站经理
全寿命周期管理	档案台账	健全和完善设备技术档案（设备台账、竣工验收资料、检验检测报告、维修保养记录等）；平面图、工艺流程图、接地分布图、消防器材布置图、配电线路图、巡检路线图、危险区域划分图、电缆走向图八图齐全	查资料	年	站经理
	档案台账	加能站应建立包含设备管理组织机构、设备使用说明书、操作规程等资料的设备管理台账	查资料	年	站经理
	“四定”管理	实行“定人员、定设备、定责任、定目标”的管理	查资料、查现场	季	站经理
	变更管理	设备或工艺变更后要进行全员培训、教育，操作人员要熟练掌握新设备、新工艺的操作规程、设备性能	查资料、查现场	发生时	站经理
加油区	加油机	外观及内部应整洁无油污，运行正常；各部件完好、线路整齐、无渗漏	查现场	周	领班
		挂枪处有油品标识，枪套颜色与油品相对应	查现场	周	领班
		过滤器按使用时间或加油量定期清洗	查资料、查现场	周	领班
		安装符合整体防爆要求，防爆区域与主板弱电区分隔密封良好；主板弱电区保持整洁、干净，各部件无发热现象	查现场	周	领班

续表

区域	设备	检查内容	检查方式	检查频次	检查人
加油区	加油机	底部应用细沙填实，保持平整干燥，波纹管法兰、紧急切断阀底部丝口应露出沙外	查现场	周	领班
		外壳、电机、防爆接线盒等部件接地应保持良好有效、规范	查现场	周	领班
		内部电气密封良好	查资料、查现场	周	领班
		主板、计量器、传感器的铅封完好，铅封号和记录相符	查资料、查现场	周	领班
		加油枪与机体之间导通良好，阻值合格	查资料、查现场	月	站经理
		电磁阀应安装有防磁罩（盖）并经厂方铅封且保持完好。	查资料、查现场	周	领班
		定期接受属地行业监管部门校验，取得合格证或检测报告	查资料	季/半年	站经理
		停用有审批手续，停用加油枪应粘贴停用标识并有防误用措施	查资料、查现场	月	站经理
	照明系统	罩棚灯具应选用防护等级不低于 IP44 级的节能型照明灯具，罩棚照明灯完好	查现场	月	站经理
		油品灯箱距离加油机顶部距离不小于 15cm，且无损坏，标识清晰、准确	查现场	月	站经理
	罩棚	网架结构罩棚无严重锈蚀，混凝土结构罩棚无掉灰，罩棚无蜘蛛网，无明显积尘，无漏雨；檐口无破损，灯箱内部灯管能正常开启，无损坏	查现场	月	站经理

续表

区域	设备	检查内容	检查方式	检查频次	检查人
加油区	品牌柱	标识清晰，无污物、无破损、无严重褪色；内部灯管能正常开启，无损坏	查现场	周	领班
油罐区	油罐及附件	有罐号、油品等明显标识、标记	查现场	周	领班
		操作井盖有防撞击产生火花措施，并进行有效、规范接地	查现场	周	领班
		操作井内无杂物、无积水、无锈蚀、无明显油气味	查现场、目视检查	周	领班
		油罐人孔盖螺栓齐全、连接牢固，垫圈密封完好	查现场	周	领班
		量油孔应设带锁的量油帽，密封垫圈完好有效，闭合严密	查现场	周	领班
		卸油、输油管线及各部件的法兰必须连接严密，做到无腐蚀、无渗漏	查现场	周	领班
		各部位阀门启闭灵活，无渗漏	查现场	周	领班
		油罐应进行防雷接地，接地点不应少于 2 处，且应引出地面，设置检测断接卡，断接卡材质、安装符合规范要求	查现场	月	站经理
		在爆炸危险区域内的输油管线上的法兰应用金属线跨接（当法兰的连接螺栓不少于 5 根时，在非腐蚀环境下，可不跨接），跨接线上不允许刷漆	查现场	周	领班
		定期对通气管阻火帽或呼吸阀进行保养维护，确保外观清洁、功能有效	查资料、查现场	季	站经理
		双层罐应设置渗漏检测立管，在线检测系统运行正常	查资料、查现场	周	领班

续表

区域	设备	检查内容	检查方式	检查频次	检查人
油罐区	油罐及附件	油罐 3~5 年清洗 1 次	查资料	年	站经理
		停用油罐应注水，卸油口使用盲板封堵	查现场	年	站经理
	输油管线	管线不得穿越建、构筑物	查资料、查现场	年	站经理
		敷设管线的管沟应用沙子填实；输油管线不得与电缆线同沟敷设	查现场	周	领班
	输油管线	管线及各部件的连接法兰必须严密，做到无严重腐蚀、无渗漏	查现场	周	领班
		地上油品管道始、末端和分支处的接地装置的接地电阻不应大于 30Ω（单独接地时）	查资料	半年	站经理
	卸油口	卸油静电接地端子应距卸油口 1.5m 以上	查现场	半年	站经理
		卸油口应上锁，每个卸油口标明罐号和油品号；卸油口安装阴阳接头	查现场	周	领班
		卸油管线法兰之间的安装间距不宜小于 100mm，小于 100mm 时，管线法兰之间做等电位连接	查现场	周	领班
	通气管	汽油罐与柴油罐的通气管应分开设置；通气管的公称内直径不应小于 50mm；通气管应安装阻火器	查现场	季	站经理
		通气管口应高出地面 4m 及以上，通气管口应距围墙 3m；沿建筑物的墙（柱）向上敷设的通气管管口，应高出建筑物的顶面 1.5m 及以上	查现场	季	站经理
		通气管使用法兰连接的，连接螺栓少于 5 根时应跨接	查现场	季	站经理
	液位仪	防爆挠性管密封良好	查现场	周	领班
		数据线保护钢管两端应做有效、规范接地	查现场	周	领班

续表

区域	设备	检查内容	检查方式	检查频次	检查人
油罐区	潜油泵	运行正常，外观无油污，出油管、法兰无渗漏	查现场	周	领班
		应进行规范、有效接地	查现场	周	领班
营业室	IC 卡管控设备	设备外观整洁，运行正常，线路整齐，系统中不安装与 IC 卡业务无关的软件	查现场	月	站经理
		IC 卡系统通信电缆应屏蔽，铠装电缆金属外皮两端、保护钢管两端均应接地	查现场	周	领班
		IC 卡系统室外地埋通信线应使用镀锌管穿管保护，并在加油机出口端高出地面 100mm，端口密封，接地可靠，接地电阻不得大于 10Ω	查现场	半年	站经理
	办公辅助设备	设备外观整洁，运行正常，线路整齐，系统中不安装与工作无关的软件，不连接外部网络	查现场	半年	站经理
供配电系统	发电机	发电机组整体清洁，燃油、机油、冷却水无渗漏，发电间不得堆放与操作无关的物品	查现场	周	领班
		发电机组备有足够的燃油、润滑油、循环冷却液，按使用频率或时间更换润滑油	查资料、查现场	周	领班
		发电机组每周空载运行 1 次（10~15min），有保养运行记录，以确保处于良好状态	查资料	周	领班
		发电机排烟管应安装防烫措施，排烟口应安装阻火帽，排烟口至各爆炸危险区域边界的水平距离：排烟口高出地面 4.5m 以下时不应小于 5m；排烟口高出地面 4.5m 及以上时不应小于 3m	查现场	季	站经理
		发电机室应设通风窗保证空气流通	查现场	周	领班

续表

区域	设备	检查内容	检查方式	检查频次	检查人
供配电系统	发电机	发电机保护接地连接牢固可靠，操作位置应设置绝缘垫	查现场	周	领班
		发电机室必须悬挂操作规程	查现场	周	领班
	配电柜	电缆金属外皮或电缆金属保护管两端均应接地	查现场	周	领班
		在供配电系统的电源端应安装与设备耐压水平相适应的过电压（电涌）保护器	查现场	周	领班
		配电柜应保持整体清洁、无灰尘、无脱漆	查现场	周	领班
		各部件连接螺栓应紧固可靠，接地装置应完好有效	查现场	周	领班
		仪表应完好有效，开关启闭灵活	查现场	周	领班
		电气设备维修时，配电柜断开工作回路的开关上应悬挂“严禁合闸”警示牌	查现场	周	领班
		配电室通风窗安装纱窗，配电柜为非密闭落地结构时，配电间应设置防小动物挡板，高度不得低于 500mm	查现场	周	领班
		电缆保护套管应采用耐火护套管，且保护套管两端应接地，密封严密	查现场	周	领班
		配电柜底部电缆管沟应用细沙填实	查现场	周	领班
		一次入户的配电柜（盘）下应配置绝缘胶垫	查现场	周	领班
		变配电间内不得放置与操作无关的物品	查现场	周	领班
		配电室应按规定设置或悬挂“当心触电”“有电危险”“正常运行”的警示牌	查现场	周	领班

续表

区域	设备	检查内容	检查方式	检查频次	检查人
供配电系统	变压器	安装在室内的变压器，通风窗应设纱窗，门锁完好并设置防小动物挡板，高度不得低于 500mm；安装在室外的变压器应设置围墙或围栏，悬挂“有电危险”“禁止攀爬”等警示标识	查现场	周	领班
	应急照明灯	加油区、营业室、变配电间内应急照明灯性能正常	查资料、查现场	周	领班
	电气线路及其他	防雷防静电接地、电气设备的工作接地、保护接地及信息系统的接地等，宜共用接地装置，其接地电阻不应大于 4Ω	查资料、查现场	半年	站经理
		配线电缆金属外皮两端和保护钢管两端的接地装置的接地电阻不应大于 10Ω（单独接地时）	查资料、查现场	半年	站经理
		信息系统（通信、液位、计算机系统等）采用铠装电缆或导线穿钢管配线；配线电缆金属外皮两端、保护钢管两端均应接地	查现场	周	领班
		信息系统的配电线路首、末端与电子器件连接时，应装设与电子器件耐压水平相适应的过电压（电涌）保护器	查现场	周	领班
		爆炸危险区内的电气装置应符合整体防爆要求	查现场	周	领班
		电气、线路应完好无损，电气连接处应采用专用接线头，紧密牢固	查现场	周	领班
		安装的电气设备配置符合使用要求的绝缘工具，定期检验	查资料、查现场	周	领班
防雷防静电系统	罩棚	罩棚应采用避雷带保护，避雷带（网）不得少于 2 处引下线，并设有断接卡	查现场	半年	站经理
	站房及附属房	站房应采用避雷带保护，避雷带（网）不得少于 2 处引下线，禁止在避雷带（网）上挂搭电话线、临时用电线路等	查现场	半年	站经理

续表

区域	设备	检查内容	检查方式	检查频次	检查人
防雷防静电系统	油罐	油罐应进行防雷接地，接地点不应少于 2 处，且应引出地面，设置检测断接卡，接地电阻不应大于 10Ω（单独接地时）	查现场	半年	站经理
	品牌立柱	品牌立柱应进行规范接地，并设有断接卡	查现场	半年	站经理
环保设备	油气回收系统	加油机真空泵无异常振动、温度无异常，无积尘、锈蚀、渗漏；集液井定期清理集液罐及罐井，阀门和法兰无渗漏，静电跨接完好，接地规范；油罐区卸油口区标识清晰，设备附件跨接有效、螺栓紧固，法兰和阀门无渗漏，真空压力阀工作正常，已启用的油气回收系统气液比、液阻、密闭性指标检测合格，有三次油气回收装置的油气排放浓度应检测合格	查资料、查现场	周	领班
	污水处理系统	运行正常，设备无锈蚀、渗漏	查现场	周	领班
	油水分离池	设置三级及以上油水过滤池，各级过滤池之间使用 U 形管连通，定期进行清理，不允许使用密闭式油水分离池	查现场	月	站经理
监控、报警系统	摄像头	设置位置及数量覆盖各重点区域，画面清晰	查现场	月	站经理
	显示器及主机	监控录像应完整记录，具有回放功能，数据存储时间不少于 90 天	查现场	月	站经理
	报警装置	声光报警装置的开关应隐蔽安装，便于操作；报警装置应声音洪亮，反应灵敏	查现场	月	站经理
消防及给排水	消防器材	落实“定点摆放、定人管理、定期维护、定期检查”管理	查现场	周	领班
		每 2 台加油机应配置不少于 2 具 5kg 手提式干粉灭火器，或 1 具 5kg 手提式干粉灭火器和 1 具 6L 泡沫灭火器，加油机不足 2 台应按 2 台配置，灭火器性能完好	查现场	周	领班

续表

区域	设备	检查内容	检查方式	检查频次	检查人
消防及给排水	消防器材	地下储罐应设置1具35kg的推车式干粉灭火器；当两种介质储罐之间的距离超过15m时，应分别设置，灭火器性能完好	查现场	周	领班
		一级、二级加油站应备灭火毯5块、沙子$2m^3$；油气合建站，按同级别的加油站配置灭火毯和沙子	查现场	周	领班
		变配电房应设置灭火级别不低于3A或89B的灭火器2具，如5kg干粉灭火器2具；发电房和中控系统旁应各配置2kg以上二氧化碳灭火器2具或5kg干粉灭火器2具	查现场	周	领班
	给水设备	水泵功率、扬程符合供水要求，水泵泵体、地上供水管线无锈蚀、渗漏；控制柜运行正常、接线规范	查现场	周	领班
	排水系统	加油站排出建筑物或围墙的污水，在建筑物墙外或围墙内应分别设水封井（独立的生活污水除外）；油罐区观测井配置抽水机的必须使用防爆型水泵	查现场	周	领班

附件 4

CNG 加气站设备设施检查标准

区域	设备	检查内容	检查方式	检查频次	检查人
管理制度	操作规程	品牌合作站应负责设备操作规程的制定、更新	查资料	年	站经理
教育培训	证件管理	电工、电（气）焊工、锅炉等特殊工种应持有效证件上岗，特种设备管理、操作及巡护人员应持有效证件上岗	查资料	年	站经理
全寿命周期管理	档案台账	健全和完善设备技术档案（设备台账、竣工验收资料、检验检测报告、维修保养记录等）；平面图、工艺流程图、接地分布图、消防器材布置图、配电线路图、巡检路线图、危险区域划分图、电缆走向图八图齐全	查资料	年	站经理
		品牌合作站应建立包含设备管理组织机构、设备使用说明书、操作规程等资料的设备管理台账	查资料	季	站经理
	四定管理	实行“定人员、定设备、定责任、定目标”的管理	查资料、查现场	月	站经理
	变　更	设备或工艺变更后要进行全员培训、教育，操作人员要熟练掌握新设备、新工艺的操作规程、设备性能	查资料、查现场	月	站经理
加气区	加气机	外观应整洁无积尘，运行正常；各部件完好、线路整齐、无渗漏、无锈蚀	查现场	周	领班
		具备计量功能，计量精度不低于 1.0 级；每半年进行 1 次检验，检验有记录	检查检定证书	周	领班
		接地应保持良好有效，接地规范	查现场	周	领班

续表

区域	设备	检查内容	检查方式	检查频次	检查人
加气区	加气机	应整体防爆，防爆区域与电脑区分隔密封良好	查现场	周	领班
		进气管线上设有防撞事故自动切断阀	查现场	周	领班
		加气软管上设拉断阀	查现场	周	领班
		加气机附近应设防撞柱（栏），高度不低于 0.5m	查现场	月	站经理
	照明系统	罩棚灯具应选用防护等级不低于 IP44 级的节能型照明灯具，照明完好，不昏暗	查现场	月	站经理
		油品灯箱距离加气机顶部距离不小于 15cm，且无损坏，标识清晰、准确	查现场	月	站经理
	罩　棚	网架结构罩棚无严重锈蚀，混凝土结构罩棚无掉灰，罩棚无蜘蛛网，无明显积尘，不漏雨	查现场	月	站经理
	品牌柱	标识清晰，无污物、破损，无严重褪色，内部灯箱能正常开启，灯管无损坏	查现场 查记录	周	领班
生产区	天然气调压计量及脱水脱硫装置	天然气进站管道上应设置调压装置；计量装置计量精度不得低于 1.0 级	检查检定证书	月	站经理
		脱硫塔应设置在室外，设置为双塔；脱硫脱水装置的操作符合操作规程	查现场，查资料	周	领班
		脱硫塔前后的工艺管道上应设置硫化氢含量检测取样门，也可设置硫化氢含量在线检测分析仪，脱水设备的出口管道上应设置露点检测仪	查现场	月	站经理
		严格按操作规程对脱硫脱水装置更换填料，记录规范；废填料的处理符合环保要求，有处理记录	查资料	周	领班

续表

区域	设备	检查内容	检查方式	检查频次	检查人
生产区	子母站－高压CNG管束车及卸气柱	CNG管束车办理“压力容器使用证”，钢瓶的安全附件符合使用要求	查资料	年	站经理
		静电连接线截面面积不小于6mm^2，接地电阻不大于100Ω	查现场	半年	站经理
		连接管束车的管道上设置拉断阀和紧急切断阀，在加气柱上设置紧急报警按钮；紧急切断阀应能用手启动或关闭，复位自如	查现场	周	领班
		气相管道上拉断阀固定牢固、位置正确	查现场	周	领班
		定期检查维护充装用软管，保持良好的技术状态。软管出现破损、漏气等问题应及时更新，年度检测结果不达标软管须更新。充装软管最长使用年限不超过6年，到期必须强制更新	查现场 查记录	月	站经理
		加气柱管线无泄漏	查现场	周	领班
		流量计符合防爆要求，精度不小于1.0级	检查检定证书	月	站经理
		静电接地情况良好	查现场	周	领班
		加气柱（卸气柱）靠汽车通道侧装有防撞设施	查现场	月	站经理
	储气瓶组（储气井）	储气井一般检测周期为两年，全面检测周期为六年，应有检测报告；储气瓶应每三年检验1次，严禁使用过期钢瓶，储气瓶应取得特种设备使用登记证	查资料	年	站经理
		储气瓶组（储气井）进气总管上应设安全阀及紧急放散管、压力表、超压报警器及排污装置；每个储气瓶（井）出口应设截止阀	查现场	年	站经理
		储气瓶组（储气井）与加气枪之间应设储气瓶组（储气井）截断阀、主截断阀、紧总截断阀和加气截断阀，设置应便于操作	查现场	年	站经理

续表

区域	设备	检查内容	检查方式	检查频次	检查人
生产区	储气瓶组（储气井）	储气瓶组及管道应设置泄压保护装置，泄压保护装置应采取防塞和防冻措施；一次泄放量大于 500m^3 的高压气体应通过放散管排放；一次泄放量大于 2m^3，泄放次数平均每小时 2～3 次以上的操作排放，设置专用回收罐	查现场	周	领班
		不同压力级别系统的天然气放散管宜分别设置，如采用集中放散时，放散管应与放散的最大压力和最大排放量相适应，放散管管口应高出设备平台 2m 及以上，且应高出所在地面 5m 及以上	查现场	周	领班
		储气井（瓶）组必须进行防雷接地，接地点不应少于两处；接地电阻不应大于 10Ω（单独接地时）	查现场	半年	站经理
		储气瓶组或储气井与站内汽车通道相邻一侧，应设安全防撞栏或采取其他防撞措施	查现场	月	站经理
		储气瓶组的管道接口不宜朝向办公室、加气岛和邻近的站外建筑物；不可避免时，应设置厚度不少于 200mm 的钢筋混凝土实体隔离墙	查现场	年	站经理
		储气井应有铭牌标志，并应标有“高压气地下储气井”字样	查现场	周	领班
	压缩天然气管道	天然气进站管道上应设紧急截断阀，紧急截断阀的位置应便于发生事故时能及时切断气源	查现场	月	站经理
		天然气管道宜埋地或管沟冲沙敷设，其管顶距地面不应小于 0.5m，室内管道宜采用管沟冲沙敷设，管沟应用中性沙填充	查现场	周	领班
		天然气管道的始、末端和分支处应设防静电和防感应雷的联合接地装置，其接地电阻不应大于 30Ω（单独接地时）	查现场	半年	站经理

续表

区域	设备	检查内容	检查方式	检查频次	检查人
生产区	压缩天然气管道	天然气管道上的法兰、胶管两端等连接处应跨接（当法兰的连接螺栓不少于 5 根时，在非腐蚀环境下，可不跨接）	查现场	周	领班
		压力管道应三年检测 1 次，检测记录、报告齐全	查现场，查资料	年	站经理
	安全阀	缓冲罐、压缩机出口、储气瓶组应设置安全阀，前端针型阀处于常开状态；安全阀每年校验 1 次，检测压力值是否符合要求，其中： ①当 $p \leqslant 1.8$MPa 时，$p_0 = p+0.18$MPa； ②当 1.8MPa $< p \leqslant$ 4.0MPa 时，$p_0 = 1.1$p； ③当 4.0MPa $< p \leqslant$ 8.0MPa 时，$p_0 = p+0.4$MPa； ④当 8.0MPa $< p \leqslant$ 25.0MPa 时，$p_0 = 1.05p$； p——设备最大工作压力	查现场，查资料	半年	站经理
	压力表	站内的设备和管道均应设压力检测点，压力表的精度不低于 1.5 级，压力表量程范围宜为工作压力的 1.5~2 倍；压力表安装前应进行校验，安装后每半年校验 1 次	查现场，查资料	半年	站经理
	可燃气体检测仪	压缩天然气储气瓶间（棚）、天然气泵和压缩机房（棚）等场所，设置可燃气体检测报警仪；可燃气体检测报警仪每年校验 1 次，报警系统应配有不间断电源，并应设置在控制室或值班室内	查现场，查资料	年	站经理
	CNG 压缩机	天然气压缩机宜单排布置，压缩机房的主要通道宽度不宜小于 2m；压缩机房门、窗应向外开启，机房高度不低于 4m，机房通风良好	查现场	周	领班
		压缩机出口与第一个截断阀之间应设安全阀，安全阀的泄放能力不应小于压缩机的安全泄放量	查现场	周	领班

续表

区域	设备	检查内容	检查方式	检查频次	检查人
生产区	CNG 压缩机	压缩机进、出口应设高、低压报警和高压越限停机装置，报警及停止装置运转良好	查现场	周	领班
		压缩机组的冷却系统应设温度报警及停车装置，报警及停止装置运转良好	查现场	周	领班
		压缩机组的润滑油系统应设低压报警及停机装置，报警及停止装置运转良好	查现场	周	领班
		压缩机的固定牢固可靠；定期巡检有记录；压缩机运行记录规范	查现场	周	领班
		压缩机定期维护有计划、有记录	查现场	月	站经理
		压缩机运行时无异响，压缩机各级间压力温度在正常范围内，无“跑冒漏滴”现象	查现场	周	领班
		压缩机控制柜工作正常，显示数据与实际相符，柜内电器仪表无过热、积灰现象	查现场	周	领班
		压缩机的卸载排气不得对外放散；压缩机产生的油污、污水应集中处理	查现场	周	领班
营业室	IC 卡管控设备	设备外观应整洁，运行正常、线路整齐	查现场	周	领班
		IC 卡系统的安装应符合加气机整体防爆要求	查现场	周	领班
		IC 卡系统通信电缆应屏蔽，铠装电缆金属外皮两端、保护钢管两端均应接地	查现场	周	领班
		IC 卡系统室外地埋通信线应使用镀锌管穿管保护，并在加气机出口端高出地面 100mm，端口密封，接地可靠，接地电阻不得大于 10Ω	查现场	半年	站经理

续表

区域	设备	检查内容	检查方式	检查频次	检查人
营业室	办公辅助设备	使用、运行正常，无故障	查现场	周	领班
供配电系统	发电机	发电机组整体应清洁，燃油、机油、冷却水无渗漏，发电间不得堆放杂物和存放与操作无关的物品	查现场	周	领班
		发电机组应备有足够的燃油、润滑油、循环冷却液，按使用频率或时间更换润滑油	查资料、查现场	周	领班
		发电机组每周应空载运行 1 次（10~15min），有保养运行记录，以确保处于良好状态	查资料	周	领班
		发电机排烟管应安装防烫装置，排烟口应安装阻火器，排烟口至各爆炸危险区域边界的水平距离：排烟口高出地面 4.5m 以下时不应小于 5m；排烟口高出地面 4.5m 及以上时不应小于 3m	查现场	周	领班
		发电机室应设通风窗保证空气流通	查现场	周	领班
		发电机保护接地连接牢固可靠，操作位置应设置绝缘垫	查现场	周	领班
		发电机室必须悬挂操作规程	查现场	周	领班
	配电柜	加气站应采用电压为 380V/220V 的外接电源，供配电系统采用 TN-S 系统	查现场	年	站经理
		电缆金属外皮或电缆金属保护管两端均应接地	查现场	周	领班
		在供配电系统的电源端应安装与设备耐压水平相适应的过电压（电涌）保护器	查现场	月	站经理
		配电柜应保持整体清洁、无灰尘、无脱漆	查现场	周	领班
		各部件连接螺栓应紧固可靠，接地装置应完好有效	查现场	周	领班

续表

区域	设备	检查内容	检查方式	检查频次	检查人
供配电系统	配电柜	仪表应完好有效，开关启闭灵活	查现场	周	领班
		电气设备维修时，配电柜断开工作回路的开关上应悬挂“严禁合闸”警示牌	查现场	周	领班
		配电室通风窗安装纱窗，配电柜为非密闭落地结构时，配电间应设置防小动物挡板，高度不得低于 500mm	查现场	周	领班
		电缆保护套管应采用耐火护套管，且保护套管两端应接地，密封严密	查现场	周	领班
		配电柜底部电缆管沟应用细沙填实	查现场	周	领班
		一次入户的配电柜（盘）下应配置绝缘胶垫	查现场	周	领班
		变配电间不得放置杂物及与操作无关的物品	查现场	周	领班
		配电室应设置或悬挂“当心触电”“有电危险”“正常运行”的警示牌	查现场	周	领班
	变压器	安装在室内的变压器，通风窗应设纱窗，门锁完好，设置防小动物挡板，高度不得低于 500mm；安装在室外的变压器应设置围墙或围栏，悬挂“有电危险”“禁止攀爬”等安全标识	查现场	周	领班
	应急照明灯	加气区、营业室、变配电间内应急照明灯性能正常，每周试验 1 次	查资料、查现场	周	领班
	电气线路及其他	加气站的电力线路宜采用电缆并直埋敷设；电缆穿越行车道部分，应穿钢管保护	查现场	周	领班
		当采用电缆沟敷设电缆时，电缆沟内必须充沙填实；电缆不得与油品、液化石油气和天然气管道、热力管道敷设在同一沟内	查资料、查现场	周	领班

续表

区域	设备	检查内容	检查方式	检查频次	检查人
供配电系统	电气线路及其他	加气站的防雷防静电接地、电气设备的工作接地、保护接地及信息系统的接地等，宜共用接地装置，其接地电阻不应大于 4Ω	查资料、查现场	半年	站经理
		配线电缆金属外皮两端和保护钢管两端的接地装置的接地电阻不应大于 10Ω（单独接地时）	查资料、查现场	半年	站经理
		加气站的信息系统（通信、液位、计算机系统等）采用铠装电缆或导线穿钢管配线；配线电缆金属外皮两端、保护钢管两端均应接地	查现场	周	领班
		加气站信息系统的配电线路首、末端与电子器件连接时，应装设与电子器件耐压水平相适应的过电压（电涌）保护器	查现场	周	领班
		爆炸危险区内的电气装置应符合整体防爆要求	查现场	周	领班
		电气、线路应完好无损，电气连接处应采用专用接线头，紧密牢固	查现场	周	领班
		加气站应根据安装的电气设备配置符合使用要求的绝缘工具，并定期进行检验	查资料、查现场	周	领班
防雷系统	罩棚	罩棚应采用避雷带保护，避雷带（网）不得少于 2 处引下线，并设有断接卡	查现场	半年	站经理
	站房及附属房	站房应采用避雷带保护，避雷带（网）不得少于 2 处引下线，禁止在避雷带（网）上挂搭电话线、临时用电线路等	查现场	半年	站经理
	储气罐	储气罐应进行防雷接地，接地点不应少于 2 处，且应引出地面，设置检测断接卡，接地电阻不应大于 10Ω（单独接地时）	查现场	半年	站经理
	品牌立柱	品牌立柱应进行规范接地，并设有断接卡	查现场	半年	站经理
监控、报警系统	摄像头	设置位置及数量应覆盖各重点区域，画面清晰	查现场	月	站经理

续表

区域	设备	检查内容	检查方式	检查频次	检查人
监控、报警系统	显示器及主机	监控录像应完整记录，具有回放功能，数据存储时间不少于 90 天，定期校验和维护	查现场	月	站经理
	报警装置	声光报警装置的开关应隐蔽安装，便于操作；报警装置应声音洪亮、反应灵敏，定期校验和维护	查现场	月	站经理
消防及给排水	消防器材	每 2 台加气机应配置不少于 2 具 5kg 手提式干粉灭火器，或 1 具 5kg 手提式干粉灭火器和 1 具 6L 泡沫灭火器，加气机不足 2 台应按 2 台配置。	查现场	周	领班
		地下储气井（储气瓶）处应设 35kg 推车式干粉灭火器 1 台	查现场	周	领班
		泵、压缩机操作间（棚）应按建筑面积每 $50m^2$ 设 8kg 手提式干粉灭火器 1 具，总数不应少于 2 具	查现场	周	领班
		一级、二级加气站应配置灭火毯 5 块，沙子 $2m^3$；三级加气站应配置灭火毯 2 块，沙子 $2m^3$；加油加气合建站按同级别的加气站配置灭火毯和沙子	查现场	周	领班
		变配电房应设置灭火级别不低于 3A 或 89B 的灭火器 2 具，如 5kg 干粉灭火器 2 具；发电房和中控系统旁应各配置 2kg 以上二氧化碳灭火器 2 具或 5kg 干粉灭火器 2 具。	查现场	周	领班
		消防灭火器材应设置在明显和便于取用的地点	查现场	周	领班
		灭火器定期检验换药，有更换记录和有效期标签：二氧化碳灭火器每年称重一次	查现场	年	站经理
		灭火器应保管良好，无锈蚀，胶管无开裂老化，喷嘴无堵塞，水带无破损，压力表指针处于正常范围	查现场	周	领班
	给水设备	水泵功率、扬程符合供水要求，水泵泵体、地上供水管线无锈蚀、渗漏，控制柜运行正常、接线规范	查现场	周	领班

附件 5

LNG/L-CNG 加气站设备设施检查标准

区域	设备	检查内容	检查方式	检查频次	检查人
管理制度	操作规程	品牌合作站应负责设备操作规程的制定、更新	查资料	年	站经理
	培训效果	营业员熟悉设备操作规程等应知应会内容	查现场	周	站经理
	证件管理	电工、电（气）焊工、锅炉等特殊工种应持有效证件上岗，特种设备管理、操作及巡护人员应持有效证件上岗	查资料	年	站经理
全寿命周期管理	档案台账	健全和完善设备技术档案（设备台账、竣工验收资料、检验检测报告、维修保养记录等）；平面图、工艺流程图、接地分布图、消防器材布置图、配电线路图、巡检路线图、危险区域划分图、电缆走向图八图齐全	查资料	年	站经理
		品牌合作站应建立包含设备管理组织机构、设备使用说明书、操作规程 等资料的设备管理台账	查资料	季	站经理
	四　定	实行“定人员、定设备、定责任、定目标”的管理	查现场	月	站经理
	变　更	设备或工艺变更后要进行全员培训、教育，操作人员要熟练掌握新设备、新工艺的操作规程、设备性能。	查资料、查现场	月	站经理
加气区	加气机	外观应整洁无积尘，运行正常；加气机各部件完好、线路整齐、无渗漏、无锈蚀	查现场	周	领班
		LNG 加液机的静电报警器运行良好	查现场	周	领班
		加气机具备计量功能，计量精度不低于 1.0 级；每半年进行 1 次检验，检验有记录	检查检定证书	半年	站经理

续表

区域	设备	检查内容	检查方式	检查频次	检查人
加气区	加气机	接地应保持良好有效，接地规范	查现场	周	领班
		整体防爆，防爆区域与电脑区分隔密封良好	查现场	周	领班
		进气管线上设有防撞事故自动切断阀	查现场	月	站经理
		加气软管上设拉断阀（拉断阀在外力作用下分开后，两端应自行密封），LNG 加气软管不得超过 6m	查现场	周	领班
		加气机附近应设防撞柱（栏），高度不低于 0.5m	查现场	周	领班
	照明系统	罩棚灯具应选用防护等级不低于 IP44 级的节能型照明灯具，罩棚照明灯完好	查现场	周	领班
		油品灯箱距离加油机顶部距离不小于 15cm，且无损坏，标识清晰、准确	查现场	周	领班
	罩　棚	网架结构罩棚无严重锈蚀，混凝土结构罩棚无掉灰，罩棚无蜘蛛网，无明显积尘，不漏雨	查现场	月	站经理
	品牌立柱	标识清晰，无污物、破损，无严重褪色；内部灯箱能正常开启，灯管无损坏	查现场 查记录	月	站经理
生产区	LNG 卸车口	连接槽车的液相管道上应设置紧急切断阀和止回阀，气相管道上宜设置切断阀	检查检定证书	周	领班
		液相、气相、增加卸气口应该有对应的标识标牌	查现场	周	领班
		静电报警器运行良好，卸车口有人体静电释放装置	查现场	周	领班
		装卸软管应设置防拉脱的联锁保护装置	查现场	月	站经理

续表

区域	设备	检查内容	检查方式	检查频次	检查人
生产区	LNG 卸车口	卸车软管应参照相关标准要求，每年检测 1 次；贮藏时间超过一年的软管，使用前必须进行质量检测；软管经检测合格后方可使用	查现场，查资料	年	站经理
		靠汽车通道侧装有防撞设施	查现场	周	领班
	储气瓶组（储气井）	加气站储气选用地下储气井或同一种规格型号的大容积储气瓶；单个储气井的水容积不应超过 $3m^3$；当选用小容积储气瓶时，每组储气瓶的总容积不宜大于 $4m^3$，且瓶数不大于 60 个	查现场，查资料	月	站经理
		加气站内的储气井（瓶）宜按运行压力分高、中、低三级设置，各级井（瓶）组应自成系统	查现场，查资料	月	站经理
		储气井一般检测检测周期为两年，全面检测检测周期为六年，应有检测报告；储气瓶应每三年检验 1 次，严禁使用过期的未检钢瓶；储气瓶应取得特种设备使用登记证	查资料	年	站经理
		小容积储气瓶应固定在独立支架上，且宜卧式存放，卧式瓶组限宽为 1 个储气瓶的长度，限高 1.6m，限长 5.5m；同组储气瓶之间净距不应小于 0.03m，储气瓶组间距不应小于 1.5m	查现场，查资料	月	站经理
		储气瓶组（储气井）进气总管上应设安全阀及紧急放散管、压力表、超压报警器及排污装置；每个储气瓶（井）出口应设截止阀	查现场	月	站经理
		储气瓶组（储气井）与加气枪之间应设储气瓶组（储气井）截断阀、主截断阀、紧总截断阀和加气截断阀，设置应便于操作	查现场	月	站经理
		储气瓶组及管道应设置泄压保护装置，泄压保护装置应采取防塞和防冻措施；一次泄放量大于 $500m^3$ 的高压气体应通过放散管排放；一次泄放量大于 $2m^3$，泄放次数平均每小时 2～3 次以上的操作排放，设置专用回收罐	查现场	月	站经理

续表

区域	设备	检查内容	检查方式	检查频次	检查人
生产区	储气瓶组（储气井）	不同压力级别系统的天然气放散管宜分别设置，如采用集中放散时，放散管应与放散的最大压力和最大排放量相适应；放散管管口应高出设备平台 2m 及以上，且应高出所在地面 5m 及以上	查现场	月	站经理
		储气井（瓶）组必须进行防雷接地，接地点不应少于 2 处；接地电阻不应大于 10Ω（单独接地时）	查现场	半年	站经理
		储气瓶组或储气井与站内汽车通道相邻一侧，应设安全防撞栏或采取其他防撞措施	查现场	月	站经理
		储气瓶组的管道接口不宜朝向办公室、加气岛和邻近的站外建筑物；不可避免时，应设置厚度不少于 200mm 的钢筋混凝土实体隔离墙	查现场	月	站经理
		储气井应有铭牌标志，并应标有“高压气地下储气井”字样	查现场	月	站经理
	压缩天然气管道	天然气进站管道上应设紧急切断阀，紧急切断阀的位置应便于发生事故时能及时切断气源	查现场	月	站经理
		天然气管道宜埋地或管沟冲沙敷设，其管顶距地面不应小于 0.5m；室内管道宜采用管沟冲沙敷设，管沟应用中性沙填充	查现场	月	站经理
		室外高压管道宜埋地敷设；若采用低架敷设，其管底距地面不应小于 0.3m；管道跨越道路时，管底距地面净距不应小于 4.5m	查现场	月	站经理
		天然气管道的始、末端和分支处应设防静电和防感应雷的联合接地装置，其接地电阻不应大于 30Ω（单独接地时）	查现场	半年	站经理
		天然气管道上的法兰、胶管两端等连接处应用金属线跨接（当法兰的连接螺栓不少于 5 根时，在非腐蚀环境下，可不跨接）	查现场	周	领班

续表

区域	设备	检查内容	检查方式	检查频次	检查人
生产区	压缩天然气管道	埋地管道防腐应采用特加强级防腐层	查现场		
		压力管道应三年检测 1 次，检测记录、报告齐全	查现场，查资料	年	站经理
	LNG 天然气管道	真空管道无凹陷、鼓包，无出汗、结霜情况	查现场	周	领班
		管道各接口螺纹连接紧固，无泄漏现象，各抽真空口有防护装置	查现场	周	领班
		LNG 管道应取得特种设备压力登记使用证，每三年进行 1 次全面检测，并在有效期内	查现场，查资料	年	站经理
	安全阀	缓冲罐、压缩机出口、储气瓶组应设置安全阀，前端针型阀处于常开状态；安全阀每年校验 1 次，检测压力值是否符合要求，其中： ①当 $p \leqslant 1.8$MPa 时，$p_0 = p+0.18$MPa； ②当 1.8MPa $< p \leqslant 4.0$MPa 时，$p_0 = 1.1p$； ③当 4.0MPa $< p \leqslant 8.0$MPa 时，$p_0 = p+0.4$MPa； ④当 8.0MPa $< p \leqslant 25.0$MPa 时，$p_0 = 1.05p$ p——设备最大工作压力	查现场，查资料	半年	站经理
	压力表	站内的设备和管道均应设立压力检测点，压力表的精度不低于 1.5 级，压力表量程范围宜为工作压力的 1.5~2 倍；压力表安装前应进行校验，安装后每半年校验 1 次	查现场，查资料	半年	站经理
	可燃气体检测仪	压缩天然气储气瓶间（棚）、天然气泵和压缩机房（棚）等场所，设置可燃气体检测报警仪；可燃气体检测报警仪每年校验 1 次，报警系统应配有不间断电源，并应设置在控制室或值班室内	查现场，查资料	年	站经理
	LNG 储罐	储罐应设置液位上、下限及压力上限报警，并远程监控	查现场	月	站经理

续表

区域	设备	检查内容	检查方式	检查频次	检查人
生产区	LNG 储罐	罐体无凹陷、鼓包，无出汗、结霜情况	查现场	周	领班
		罐体地脚螺栓已紧固	查现场	周	领班
		储罐根部已做保温，保温效果理想，外表无结冰现象	查现场	周	领班
		真空度达到检查要求	查现场	周	领班
		储罐安全阀处于双阀投用位置，根部回液阀处于全开状态	查现场	周	领班
		防爆接线盒、防爆绕线管密封严密，外观完整，无破损，内部无进水、线路锈蚀现象	查现场	周	领班
		橇架整体美观，无积尘、积水、锈蚀、油漆脱落现象	查现场	周	领班
		罐池场地保持清洁，无杂物堆放，地面无积水、青苔，出入口设置静电消除装置	查现场	周	领班
		防护堤内宜设置排水设施，但不应直接排入市政排水管道，抽水泵防爆性能达标，具备自动抽水的功能	查现场	周	领班
	LNG 潜液泵	LNG 潜液泵无晃动声响，泵盖无泄漏	查现场	周	领班
		LNG 潜液泵取得特种设备登记证书，并在有效期内	查现场	年	站经理
	CNG 柱塞泵	柱塞泵出口应设置温度和压力检测装置，超压联锁停泵	查现场	周	领班
		CNG 柱塞泵在长时间空载的情况下，应自动停机或重新启动	查现场	周	领班
		CNG 柱塞泵无干磨声响，无泄漏现象	查现场	周	领班
		润滑油处于最低油位线以上	查现场	周	领班

续表

区域	设备	检查内容	检查方式	检查频次	检查人
生产区	L-CNG 程序控制盘	卡帽无外漏、无变形、无锈蚀	查现场	周	领班
		程序控制盘上开关阀门开启状态正确，操作灵活；各连接处无渗漏	查现场	周	领班
	气化器	气化器无外漏、无变形；高压气化器无严重结冰现象；接口处无渗漏	查现场	周	领班
	LNG 空气压缩机及干燥机	空压机、冷干机保养良好，无积尘、锈蚀等现象	查现场	周	领班
		皮带防护罩已安装	查现场	周	领班
		排水装置工作正常，对冷干机定期排水，并做好排水记录	查现场	周	领班
营业室	IC 卡管控设备	设备外观应整洁，运行正常、线路整齐	查现场	周	领班
		IC 卡系统的安装应符合加气机整体防爆要求	查现场	周	领班
		IC 卡系统通信电缆应屏蔽，铠装电缆金属外皮两端、保护钢管两端均应接地	查现场	周	领班
		IC 卡系统室外地埋通信线应使用镀锌管穿管保护，并在加气机出口端高出地面 100mm，端口密封，接地可靠，接地电阻不得大于 10Ω	查现场	半年	站经理
	办公辅助设备	使用、运行正常，无故障	查现场	半年	站经理
供配电系统	发电机	发电机组整体应清洁，燃油、机油、冷却水无渗漏，发电间不得堆放杂物和存放与操作无关的物品	查现场	周	领班
		发电机组应备有足够的燃油、润滑油、循环冷却液，按使用频率或时间更换润滑油	查资料、查现场	周	领班

续表

区域	设备	检查内容	检查方式	检查频次	检查人
供配电系统	发电机	发电机组每周应空载运行 1 次（10~15min），有保养运行记录，以确保处于良好状态	查资料	周	领班
		发电机排烟管应安装防烫装置，排烟口应安装阻火器，排烟口至各爆炸危险区域边界的水平距离：排烟口高出地面 4.5m 以下时不应小于 5m；排烟口高出地面 4.5m 及以上时不应小于 3m	查现场	周	领班
		发电机室应设通风窗保证空气流通	查现场	周	领班
		发电机保护接地连接牢固可靠，操作位置应设置绝缘垫	查现场	周	领班
		发电机室必须悬挂操作规程	查现场	周	领班
	配电柜	应采用电压为 380V/220V 的外接电源，供配电系统采用 TN-S 系统	查现场	年	站经理
		电缆金属外皮或电缆金属保护管两端均应接地	查现场	周	领班
		在供配电系统的电源端应安装与设备耐压水平相适应的过电压（电涌）保护器	查现场	周	领班
		配电柜应保持整体清洁、无灰尘、无脱漆	查现场	周	领班
		各部件连接螺栓应紧固可靠，接地装置应完好有效	查现场	周	领班
		仪表应完好有效，开关启闭灵活	查现场	周	领班
		电气设备维修时，配电柜断开工作回路的开关上应悬挂“严禁合闸”警示牌	查现场	周	领班
		配电室通风窗安装纱窗，配电柜为非密闭落地结构时，配电间应设置防小动物挡板，高度不得低于 500mm	查现场	周	领班

续表

区域	设备	检查内容	检查方式	检查频次	检查人
供配电系统	配电柜	电缆保护套管应采用耐火护套管，且保护套管两端应接地，密封严密	查现场	周	领班
		配电柜底部电缆管沟应用细沙填实	查现场	周	领班
		一次入户的配电柜（盘）下应配置绝缘胶垫	查现场	周	领班
		变配电间内不得放置杂物及与操作无关的物品	查现场	周	领班
		配电室应设置或悬挂“当心触电”“有电危险”“正常运行”的警示牌	查现场	周	领班
	变压器	安装在室内的变压器，通风窗应设纱窗，门锁完好；设置防小动物挡板，高度不得低于 500mm；安装在室外的变压器应设置围墙或围栏，悬挂“有电危险”“禁止攀爬”等安全标识	查现场	周	领班
	应急照明灯	加气区、营业室、变配电间内应急照明灯性能正常，每周试验 1 次	查资料、查现场	周	领班
	电气线路及其他	电力线路宜采用电缆并直埋敷设；电缆穿越行车道部分，应穿钢管保护	查现场	周	领班
		当采用电缆沟敷设电缆时，电缆沟内必须充沙填实；电缆不得与油品、液化石油气和天然气管道、热力管道敷设在同一沟内	查资料、查现场	周	领班
		防雷防静电接地、电气设备的工作接地、保护接地及信息系统的接地等，宜共用接地装置，其接地电阻不应大于 4Ω	查资料、查现场	半年	站经理
		配线电缆金属外皮两端和保护钢管两端的接地装置的接地电阻不应大于 10Ω（单独接地时）	查资料、查现场	半年	站经理

续表

区域	设备	检查内容	检查方式	检查频次	检查人
供配电系统	电气线路及其他	信息系统（通信、液位、计算机系统等）采用铠装电缆或导线穿钢管配线；配线电缆金属外皮两端、保护钢管两端均应接地	查现场	周	领班
		信息系统的配电线路首、末端与电子器件连接时，应装设与电子器件耐压水平相适应的过电压（电涌）保护器	查现场	周	领班
		爆炸危险区内的电气装置应符合整体防爆要求	查现场	周	领班
		电气线路应完好无损，电气连接处应采用专用接线头，紧密牢固	查现场	周	领班
		应根据安装的电气设备配置符合使用要求的绝缘工具，并定期进行检验	查资料、查现场	周	领班
防雷系统	罩　棚	罩棚应采用避雷带保护，避雷带（网）不得少于 2 处引下线，并设有断接卡	查现场	半年	站经理
	站　房	站房应采用避雷带保护，避雷带（网）不得少于 2 处引下线，禁止在避雷带（网）上挂搭电话线、临时用电线路等	查现场	半年	站经理
	储气罐	储气罐应进行防雷接地，接地点不应少于 2 处，且应引出地面；设置检测断接卡，接地电阻不应大于 10Ω（单独接地时）	查现场	半年	站经理
	品牌立柱	品牌立柱应进行规范接地，并设有断接卡	查现场	半年	站经理
监控、报警系统	摄像头	设置位置及数量应覆盖各重点区域，画面应清晰	查现场	月	站经理
	显示器	监控录像应完整记录，具有回放功能，数据存储时间不少于 90 天，定期校验和维护	查现场	月	站经理
	报警装置	声光报警装置的开关应隐蔽安装，便于操作；报警装置应声音洪亮、反应灵敏；定期校验和维护	查现场	月	站经理

续表

区域	设备	检查内容	检查方式	检查频次	检查人
消防及给排水	消防器材	每 2 台加气机应配置不少于 2 具 5kg 手提式干粉灭火器，或 1 具 5kg 手提式干粉灭火器和 1 具 6L 泡沫灭火器，加气机不足 2 台应按 2 台配置	查现场	周	领班
		地下储气井（储气瓶）处应设 35kg 推车式干粉灭火器 1 台	查现场	周	领班
		泵、压缩机操作间（棚）应按建筑面积每 $50m^2$ 设 8kg 手提式干粉灭火器 1 具，总数不应少于 2 具	查现场	周	领班
		一级、二级加气站应配置灭火毯 5 块，沙子 $2m^3$；三级加气站应配置灭火毯 2 块，沙子 $2m^3$，加油加气合建站按同级别的加油站配置灭火毯和沙子	查现场	周	领班
		变配电房应设置灭火级别不低于 3A 或 89B 的灭火器 2 具，如 5kg 干粉灭火器 2 具；发电房和中控系统旁应各配置 2kg 以上二氧化碳灭火器 2 具或 5kg 干粉灭火器 2 具	查现场	周	领班
		消防灭火器材应设置在明显和便于取用的地点	查现场	周	领班
		灭火器定期检验换药，有更换记录和有效期标签：二氧化碳灭火器每年称重 1 次	查现场	年	站经理
		灭火器应保管良好，无锈蚀、胶管无开裂老化，喷嘴无堵塞，水带无破损，压力表指针处于正常范围	查现场	周	领班
	给水设备	水泵功率、扬程符合供水要求，水泵泵体、地上供水管线无锈蚀、渗漏，控制柜运行正常、接线规范	查现场	周	领班

附件 6

加能站安全培训内容

培训项目	培训内容
新营业员培训	加能站简介
	加油区、油罐及卸油区、加气区等生产运行区域，营业房及生活区等区域布局介绍
	加油区、油罐及卸油区、加气区等重点危险爆炸区
	学习个人防护用品的正确穿戴
	学习加注作业、收款作业等作业指导书
	学习加注机等设备操作规程
	消防及安全设施布局介绍：消防器材、紧急切断电源开关、应急疏散的紧急集合点位置
	学习加能站应急预案，明确消防组织分工与职责
	学习保命法则、现场禁令等
	学习安全防范措施，包括禁用明火、禁打手机、熄火加油、严禁向绝缘容器内直接加注汽油、逃单不追等
	学习加能站相关事故案例
	学习上下班安全、生活用电等其他站内生活设施和管理制度
	学习 HSE 管理体系的基本概念、基础知识
	进行上岗前的考试，考试合格后签订 HSE 承诺书，要求牢记承诺内容
转岗营业员培训	加能站简介
	加油区、油罐及卸油区、加气区等生产运行区域，营业房及生活区等区域布局介绍
	加油区、油罐及卸油区、加气区等重点危险爆炸区
	学习个人防护用品的正确穿戴

续表

培训项目	培训内容
转岗营业员培训	学习转岗后加油作业、收款作业等作业指导书
	学习转岗后加注机等设备操作规程
	消防及安全设施布局介绍：消防器材、紧急切断电源开关、应急疏散的紧急集合点位置
	学习加能站应急预案，明确转岗后应急预案组织分工与职责
	学习保命法则、现场禁令等
	学习安全防范措施，包括禁用明火、禁打手机、熄火加油、严禁向绝缘容器内直接加注汽油、逃单不追等
	学习加能站相关事故案例
	学习上下班安全、生活用电等其他站内生活设施和管理制度
	学习 HSE 管理体系的基本概念、基础知识
	进行转岗后上岗前的考试，考试合格后签订 HSE 承诺书，要求牢记承诺内容
施工人员安全教育	介绍加能站安全工作的重要性
	加能站重点危险区域、消防及安全设施布局介绍，告知作业须知、进站须知
	学习施工相关应急预案、消防器材的使用方法，消防组织分工与职责
	学习施工方案，制定相应的应急预案，明确施工方现场安全员和加能站现场安全监管员
	施工作业风险告知
	施工人员须持施工作业证上岗，监管员必须佩戴袖章，检查特种作业人员从业资格证
	明确施工现场安全措施，悬挂安全警示牌，防止闲杂人员进入，严格按施工方案进行施工
	施工人员必须遵守安全管理制度，服从现场安全监管员管理，品牌合作站有权叫停三违作业

续表

培训项目	培训内容
施工人员安全教育	涉及临时用电、用火、高处作业、破土作业、进入受限空间须按要求签发作业票，严禁作业人员擅自进行用火、进入受限空间等作业，严禁酒后作业、吸烟，严禁野蛮施工
	施工作业环保管理要求，固体废弃物处置要求
	施工作业完成后，应及时清理作业现场，确保不留隐患
	对所有施工人员进行分工种考试，考试合格后签订 HSE 承诺书，要求作业人员牢记承诺并遵守
	学习加能站施工相关事故案例
	为考试合格的人员办理入场证
两特安全教育	元旦、春节、清明节、五一劳动节、端午节、国庆节、中秋节等国家法定节日、“两会”等特殊时期需开展安全教育
	两特两重期间按照中国石化要求停止或升级一切用火、用电、高处作业、进入受限空间等高风险施工作业
	学习关于节日安全的文件和应急预案、消防器材的使用方法，明确消防组织分工与职责
	落实值班制度，合理排班，掌握销售节奏，合理调度，保证油品正常供应
	散装汽油销售管理规定
	公共安全管理规定
	坚持优质服务，减少纠纷，遇纠纷投诉事件应立即按规定上报，妥善处理，避免事态扩大
	严格外出考勤管理，控制人员外出，当班和外出人员应防止偷盗、骗抢、交通事故的发生
	加强治安联防，关注周边单位烟花爆竹的燃放，发现隐患应立即阻止，防止事故发生
	加强重大作业管理，落实责任人，规范接卸油作业，严防跑冒滴漏及混油等事故发生
	落实资金收款事宜，加强资金管理，落实班组检查，规范操作，及时阻止不安全行为

续表

培训项目	培训内容
季节变更安全教育	春、夏、秋、冬季节交替前需开展全员安全教育
	熟悉季节气候的特点以及主要气象灾害，人体容易引起的疾病以及季节气候对加能站的影响
	要及时收听天气预报，注意天气变化，防止气候变化对加能站造成损失。学习相应季节气候多发的事件应急处置预案，营业员要做好现场应对与自我保护工作
	根据季节变换组织营业员学习个人防护用品使用

附件 7

岗位危险事件清单

岗位名称			岗位职责	
岗位作业活动			岗位设备设施	
外部环境				

序号	危险源	存在位置	危害因素	可能发生的危险事件	主要保护措施和管理措施（硬件、个体防护和程序等）	初期应急处置措施	备注
1							
2							
3							
4							
5							

附件 8 岗位危险源识别参考表

序号	分类	来源示例
		1 碳氢化合物（未加工）
1.1	液化天然气	低温设施，储罐
1.2	凝 液	储罐、气井、气体管线、气体分离器
1.3	碳氢气体	油 / 气分离器、气体处理设施、压缩机、气体管线
		2 碳氢化合物（加工）
2.1	汽 油	加油站
2.2	柴 油	加油站
		3 压 力
3.1	带压气体	焊接瓶、运行管道、空气管路、气闸、气枪
3.2	真 空	储 罐
		4 高度差
4.1	人员在 2m 以上高度作业	脚手架、梯子、平台、栏杆、扶手、开凿、屋顶作业，二层平台作业
4.2	人员在 2m 以下高度作业	湿滑 / 不平表面，攀爬 / 下行梯子，障碍物
4.3	头顶上方存在的物体 / 设施	物体提升 / 处理时掉落或者工作平台上方有人员、设备或工艺系统，升降工作平台，吊挂，起重
4.4	地面 / 边坡稳定性	管沟、开挖、修复埋地设施
		5 应力作用下物体
5.1	压缩作用下物体	弹簧作用设施，如泄压阀、执行器和液压操作设备
		6 运动状态
6.1	陆运（驾驶）	站内车辆驾驶
6.2	含有移动或旋转部件的设备	发动机、电动机、压缩机
6.3	使用手工工具	挖掘作业

续表

序号	分类	来源示例
		7　自然环境
7.1	恶劣天气	台风，极端温度，暴风雨、雪，沙尘暴
7.2	地质灾害，包括地震	地震、滑坡或其他地质灾害
7.3	火　灾	潜在的外部自然火灾
7.4	雷　击	在开敞空间作业，树等
		8　电　力
8.1	电压＞50V	电力电缆、临时电力线、电动机、电力开关设备、发电、焊接机、变压器、架空电力线路、办公设备和家用设备，考虑直流、交流，单相和三相
8.2	静　电	储罐和管道，产品输送软管，未接地的设备，高速气体排放、塑料盛油桶等
		9　物　理
9.1	可见光－波长 400~780nm（非电离）	电弧焊、阳光、泛光照明、夜间照明
9.2	微　波	家用厨房设备
9.3	无线电波 / 微波辐射－波长 1mm~30km（非电离）	电信、移动电话
9.4	噪　声	包括冲击噪声（急性）和背景噪声（慢性），来自减压阀、压力控制阀、压缩机室
9.5	振　动	手持电动工具
9.6	低温温差	工艺管道、储存容器、罐、低温设施
9.7	高温温差	炎热夏天
9.8	湿　度	潮湿气候导致汗液蒸发率过低，可能导致中暑；水分不足（寒冷干燥气候）

续表

序号	分类	来源示例
	10　大气、环境、媒介	
10.1	空气中氧气浓度 / 氮气和氧气缺乏	密闭空间、储罐
10.2	其他窒息性气体	焊接用氩毯、氦
10.3	空气 / 粉尘中颗粒物	切割砖和混凝土、喷砂、除锈
	11　生物、疾病方面	
11.1	植　物	致死的茄属植物、真菌（如蘑菇和霉）、花粉等过敏原
11.2	动　物	野生动物、蛇、老鼠、昆虫、蜘蛛、蝎子、蜜蜂等
11.3	细菌、病毒	污染的食物、水、空气等
11.4	传染性疾病	霍乱、鼠疫、结核病、肝炎、艾滋病等病人或病原携带者
	12　人机工程	
12.1	工作场所	不方便、困难或不舒服的工作条件，不充足的光线条件、噪声等
12.2	需要体力的任务	对于工作所需的体力未知或不合理的期望，医疗不合适
12.3	人机界面	在正常和异常条件期间，操作者无法发现和理解的机械 / 设备信息和状态（通过视觉、声光等），从而导致人因错误
12.4	长时间 / 无规律的工作时长	过长或繁重的工作时间。超时、夜班加班、疲劳导致人因失误的风险
12.5	控制 / 显示设计	控制面板、刻度盘、报警等的设置使工作人员无法监测到异常事件、噪声等
12.6	操作和行动的现场位置	期望工人能够有效完成相关应急操作，而没有考虑将操作者置于更加危险的境地
12.7	人员响应时间 / 能力	在可用的时间内，操作者无法完成规定的工作
	13　公共安全	
13.1	恐怖袭击	对公共场所的暴力攻击

续表

序号	分类	来源示例
13.2	刑事、治安事件	盗窃物资、破坏设施、伤害人员等
13.3	群体性事件	游行、上访等带来公共秩序动乱
13.4	无关人员随意进出	门禁失控
13.5	输油气管道破坏	第三方施工

附件 9

岗位危害因素参考表

类别	序号	导致危险源释放的危害因素	说明（可能产生的危害或产生条件）
工艺危害因素	1	高 压	引发物理爆炸、产生泄漏
	2	压力过低	真空低于常压后空气进入的可能性
	3	高 温	烫 伤
	4	温度过低（如液体闪蒸）	冷脆、冻伤
	5	外部温度过低（如结冰）	特别是对于凝固后容易导致堵塞的产品
	6	外部温度过高	影响冷却能力
	7	由于设备、泵等失效导致失控反应	对每种情况要进行具体分析
	8	由于辅助系统、冷却、供电失效等导致失控反应	对每种情况要进行具体分析
	9	由于不同操作条件导致失控反应（初始温度、压力等）	对每种情况要进行具体分析
	10	所装物料重量导致的失效	考虑满液位情况
	11	电力供应中断	可分为局部失效和整个单元 / 装置失效
	12	冷却水中断	可分为局部失效和整个单元 / 装置失效
	13	仪表空气中断	可分为局部失效和整个单元 / 装置失效
	14	溢 流	环境污染、火灾、爆炸、中毒
设备危害因素	15	喘 振	设备损坏
	16	螺纹连接失效	泄 漏
	17	法兰连接失效	泄 漏
	18	润滑不及时或失效	设备损坏
	19	密封失效（泵、阀门等）	应作为不同的危害因素
	20	小口径管道失效	此类管道容易受到机械损伤导致失效
	21	软管失效	泄 漏

续表

类别	序号	导致危险源释放的危害因素	说明（可能产生的危害或产生条件）
设备危害因素	22	液位计失效	高压、高温、冲击、错误安装导致失效
	23	超速导致设备失效	（特别是压缩机/透平）应具体分析每种超速原因
	24	振　动	（泄放系统、各种设备、压缩机小连接件、两相流管道等）设备的部分部件需考虑此因素
外部影响	25	交通影响，如车辆撞击	人员伤亡、设备损坏、财产损失
	26	开挖、施工或第三方破坏影响	特别是对于埋地管线
	27	外来物体影响	对每种情况要进行具体分析
	28	火　灾	火灾爆炸、人员伤亡、财产损失
	29	恐怖袭击	人员伤亡、财产损失
	30	落物影响（起吊或拆除等）	与特定的作业和区域有关
操作与施工	31	误操作	对每种情况要进行具体分析
	32	错误的维护/替换	对每种情况要进行具体分析
	33	应急处置	对每种情况要进行具体分析
	34	建造失效	对每种情况要进行具体分析
	35	考虑每一种建筑结构类型，如钢结构或混凝土等	对每种情况要进行具体分析
	36	排　污	对每种情况要进行具体分析
	37	取　样	对每种情况要进行具体分析
	38	设备或管线开口	对每种情况要进行具体分析
	39	进入设备	对每种情况要进行具体分析
	40	装置开车	对每种情况要进行具体分析
	41	装置停车	对每种情况要进行具体分析

续表

类别	序号	导致危险源释放的危害因素	说明（可能产生的危害或产生条件）
其 他	42	病毒导致控制系统计算机失效	信息安全
	43	仪表失效	超压、泄漏
	44	静 电	火 灾
	45	火 花	火灾、爆炸

附件 10

常见车辆油箱标准容量与实际容量对比表

序号	车辆品牌	实测车辆型号	生产厂家	标准容量 / L	实际容量 / L	超标值 / L	超出比例 / %
1	通用	上海通用五菱	上汽通用	38.5	55.03	16.53	42.94
2	江淮	江淮同悦	安徽江淮	45	61.45	16.45	36.56
3	长安	铃木天语	重庆长安	50	61.5	11.5	23.00
4	大众	一汽大众捷达	一汽大众	55	65.2	10.2	18.55
5	丰田	日产丰田陆地巡洋舰	日本丰田	100	110	10	10.00
6	长丰	广汽长丰猎豹	广汽集团	75	85	10	13.33
7	别克	上海通用别克君威	上海通用	80	89.3	9.3	11.63
8	大众	上海大众桑塔纳	上海大众	60	68.7	8.7	14.50
9	中华	中华骏捷 Wagon	沈阳华晨	74	82.5	8.5	11.49
10	名爵	名爵 MG7	上汽集团	62	70.4	8.4	13.55
11	一汽	天津一汽威志 V2	天津一汽	37	45.2	8.2	22.16
12	奥迪	奥迪 A6	一汽奥迪	80	88.2	8.2	10.25
13	雪佛兰	上海通用雪佛兰科鲁兹	上汽通用	60	68	8	13.33
14	凯美瑞	丰田凯美瑞	广汽集团	70	77.82	7.82	11.17
15	桑塔纳	上海大众桑塔纳	上海大众	60	67.8	7.8	13.00
16	奇瑞	奇瑞瑞虎	安徽奇瑞	55	62	7	12.73
17	别克	上海通用别克君威	上海通用	70	76	6	8.57

续表

序号	车辆品牌	实测车辆型号	生产厂家	标准容量 / L	实际容量 / L	超标值 / L	超出比例 / %
18	奇瑞	奇瑞 A3	安徽奇瑞	57	63	6	10.53
19	起亚	东风悦达起亚狮跑	东风悦达	65	71	6	9.23
20	中华	中华骏捷 FSV	沈阳华晨	55	60.8	5.8	10.55
21	通用	上汽通用五菱荣光	上汽通用	45	50.5	5.5	12.22
22	江淮	江淮瑞风穿梭	安徽江淮	80	85.4	5.4	6.75
23	现代	北京现代伊兰特	北京现代	55	60.2	5.2	9.45
24	斯柯达	上海大众斯柯达明锐	上海大众	55	60	5	9.09
25	切诺基	Jeep 吉普大切诺基	广汽菲克	60	65	5	8.33
26	丰田	丰田霸道	日本丰田	80	85	5	6.25
27	别克	上海通用别克凯越	上海通用	60	65	5	8.33
28	本田	东风本田 CR-V	东风本田	50	55	5	10.00
29	起亚	东风悦达起亚福瑞迪	东风悦达	52	57	5	9.62
30	现代	北京现代途胜	北京现代	55	60	5	9.09
31	丰田	一汽丰田花冠	一汽丰田	50	55	5	10.00
32	力帆	重庆力帆 620	重庆力帆	58	63	5	8.62
33	奇瑞	奇瑞 A5	安徽奇瑞	52	56.8	4.8	9.23
34	一汽	捷达 GT 型	一汽大众	55	59.53	4.53	8.24
35	中华	中华骏捷 FRV	沈阳华晨	55	59.2	4.2	7.64

续表

序号	车辆品牌	实测车辆型号	生产厂家	标准容量 / L	实际容量 / L	超标值 / L	超出比例 / %
36	奇瑞	奇瑞东方之子	安徽奇瑞	60	64.1	4.1	6.83
37	本田	广州本田雅阁	广州本田	70	74	4	5.71
38	本田	广州本田飞度	广州本田	40	44	4	10.00
39	奔驰	奔驰 gl 级 320	德国奔驰	100	104	4	4.00
40	奔驰	奔驰 s 级 350l	德国奔驰	90	94	4	4.44
41	长丰	长丰帕杰罗	广汽集团	90	94	4	4.44
42	现代	北京现代雅绅特	北京现代	45	49	4	8.89
43	帕萨特	帕萨特 B5	一汽大众	62	66	4	6.45
44	福克斯	福特福克斯	重庆长安	55	58.84	3.84	6.98
45	别克	别克君威	上海通用	65	68.8	3.8	5.85
46	哈飞	哈飞路宝	哈飞集团	40	43.7	3.7	9.25
47	长安	长安铃木	重庆长安	45	48.7	3.7	8.22
48	夏利	夏利 7107U 型	天津夏利	37	40.69	3.69	9.97
49	大众	一汽大众速腾	一汽大众	55	58.6	3.6	6.55
50	一汽	一汽马自达睿翼	一汽马自达	64	67.5	3.5	5.47
51	帕萨特	上海大众帕萨特领驶	上海大众	62	65.4	3.4	5.48
52	名爵	名爵 MG6	上汽集团	62	65.3	3.3	5.32
53	江铃	江铃全顺 2008 款标准型	江铃集团	80	83.3	3.3	4.12

续表

序号	车辆品牌	实测车辆型号	生产厂家	标准容量 / L	实际容量 / L	超标值 / L	超出比例 / %
54	帕萨特	上海大众帕萨特领驭	上海大众	62	65.2	3.2	5.16
55	长安	长安马自达 2	重庆长安	42	45.2	3.2	7.62
56	雪佛兰	上海通用雪佛兰乐驰	上汽通用	35	38	3	8.57
57	雪佛兰	上海通用雪佛兰景程	上汽通用	65	68	3	4.62
58	奔驰	奔驰 CLS2010 款 CLS 300	德国奔驰	80	83	3	3.75
59	奔驰	Benz（奔驰）ML350	德国奔驰	85	88	3	3.53
60	福克斯	福特福克斯	重庆长安	55	57.9	2.9	5.27
61	MINI	MINI COOPER（Excitement）	德国宝马	40	42.8	2.8	7.00
62	通用	上汽通用五菱宏光	上汽通用	50	52.6	2.6	5.20
63	帕萨特	上海大众帕萨特领驭	上海大众	62	64.6	2.6	4.19
64	大众	上海大众朗逸	上海大众	55	57.5	2.5	4.55
65	奥迪	奥迪 A8	奥迪	90	92.4	2.4	2.67
66	力帆	重庆力帆 520	重庆力帆	51	53.4	2.4	4.71
67	大众	一汽大众速腾	一汽大众	55	57.2	2.2	4.00
68	大众	上海大众 Polo	上海大众	45	47.1	2.1	4.67
69	奔驰	奔驰 CLK 06 款 CLK 200K 双门轿跑车	德国奔驰	62	64	2	3.23
70	长丰	长丰猎豹飞腾 2010 款经典款	广汽集团	53	55	2	3.77

续表

序号	车辆品牌	实测车辆型号	生产厂家	标准容量 / L	实际容量 / L	超标值 / L	超出比例 / %
71	长安	长安奔奔 LOVE2010 款	重庆长安	41	43	2	4.88
72	长安	悦翔	重庆长安	45	47	2	4.44
73	长安	长安之星 Ⅱ 代 SC6382B	重庆长安	40	42	2	5.00
74	骊威	东风日产骊威	东风集团	52	53	1	1.92
75	金杯	华晨金杯海狮	沈阳华晨	70	67.76	-2.24	-3.20
76	长城	长城哈弗 H3	保定长城	74	70.5	-3.5	-4.73

附件 11

加能站应急处置措施

序号	事件类型	事件情景	现场处置措施
1	服务纠纷	数量纠纷； 质量投诉； 服务中断	1. 现场营业员接待好投诉客户，稳定客户情绪，将客户带离加油现场，认真倾听客户的异议，做好解释工作，避免造成影响，同时向站经理报告
			2. 站经理立即对客户投诉的相关内容进行自查：查验设备设施故障情况，校验对应加油枪、查询加油凭证、核实加油情况，查验油罐油品质量目测情况等
			3. 核实情况后与客户耐心解释和协商解决，防止事故扩大
			4. 站经理无权或者无法解决的立即上报合作方和中国石化，研究解决方案，并请客户留下姓名、联系电话和地址，承诺在一定时间内（24h）给予答复
2	火 灾	加注、接卸作业环节火灾； 电气火灾； 车辆起火； 烟花爆竹造成起火	1. 现场营业员立即停止加注作业，按下附近的急停按钮，关闭电源，接卸作业区营业员停止油气接卸，关闭卸口阀门，断开油气管路，同时大声呼救，站经理启动应急预案
			2. 现场营业员使用灭火器扑救
			3. 站经理组织其他营业员支援，使用灭火器材，站在上风口，扑灭初期火灾
			4. 领班疏散站内无关人员、车辆，设置警戒隔离
			5. 火灾无法扑灭时，站经理立即向“119”和“110”等部门报警求援。站内人员撤离到安全区域，持续做好警戒，接应救援车辆和人员，应确保人身安全
			6. 灭火结束，检查确认，清理现场，站经理上报事故情况
3	火 灾	加气站起火	1. 现场操作人员发现泄漏或着火后立即处置并报告
			2. 现场立即停止作业，按下紧急切断按钮，关闭气路总阀门
			3. 现场操作人员穿戴防火隔热服、正压式空气呼吸器，迅速赶往发生火情的地点，启用站内消防栓，对准着火部位进行喷淋、降温并用现场灭火器进行灭火，如火势扩大无法控制，应将所有人员撤离至安全区域待命

续表

序号	事件类型	事件情景	现场处置措施
3	火　灾	加气站起火	4. 迅速组织站内气罐车撤离现场，以防引发更大事故，如火势较大应迅速组织站内气罐车司机及押运员撤离至站外安全区域，并在站外设置警戒带，避免无关人员进入
			5. 安排人员引领消防队伍，消防队伍到达后，配合消防队伍进行灭火
			6. 灭火后，站经理组织人员对泄漏、着火部位进行处理，查明故障原因，做好记录
4	泄　漏	加油、卸油过程油品溢出；车辆油箱油品泄漏；油罐、加油机、管线油品泄漏	1. 发现油品泄漏，要立即停止作业，切断泄漏现场附近电源、判断渗漏部位、关闭阀门、通知相邻单位，组织疏散、确定渗漏油品数量、上报合作方和中国石化
			2. 现场营业员利用应急物资、防爆设备（铝桶、吸油毡、棉布等）收集油品，围堵油品，防止流淌扩散
			3. 现场划定警戒范围，进行警戒，防止点火源进入现场。 注意事项：①严禁现场车辆启动离开；②严禁烟火；③严禁在警戒区域内使用手机；④布置消防器材
			4. 当油品溢出加油站控制范围时，站经理应立即上报公安、消防、应急等政府部门
			5. 现场清除余油，修复设备，领班检查所有井口、隔油池确保残油清理干净，同时组织监测人员现场采样，根据污染情况进行水体的监测，站经理确认无油气及火灾危险才能恢复营业
			6. 站经理确定泄漏油品数量，做好记录台账，填写报告单上报合作方负责人
5	泄　漏	加气区（加液机、加气机、车辆）泄漏；储罐区（气罐车、气站设备）泄漏；CNG 管道或储气井泄漏	1. 立即停止加气作业，按下加气机急停按钮
			2. 大声呼喊，发出警报（营业员接到报警后，也可在操作系统按急停按钮）
			3. 判断漏气源头，采用堵漏工具进行堵漏，排除风险，可以维修的直接处理维修，超过气站维修能力的，上报厂家维修。如果是加气车辆气瓶管线、阀门漏气，控制漏气后，推到安全地带
			4. 抢险人员穿戴防护服手动关闭储罐或槽车主阀门。若储罐阀门不能关闭或者有其他泄漏，可对储罐进行放空，降低储罐压力

续表

序号	事件类型	事件情景	现场处置措施
5	泄　漏	加气区（加液机、加气机、车辆）泄漏；储罐区（气罐车、气站设备）泄漏；CNG 管道或储气井泄漏	5. 及时组织人员设置警戒，疏散站内人员（含营业员），严禁车辆启动。泄漏无法控制时，撤离站内人员，疏散周边民众，扩大警戒范围（注意事项：观察风向，撤离人员必须撤往上风向的位置；注意下风向的警戒范围，控制火源）
			6. 向合作方和中国石化报告
6	治安事件	盗窃；抢劫	1. 当班营业员应立即上报领班或站经理，并拨打“110”报警（或及时按动报警器）
			2. 站经理或领班组织人员保护现场，不要触摸现场任何物件，留下目击证人，等待公安人员到来
			3. 积极配合公安人员进行现场调查，提供可能的破案线索，包括作案人数、歹徒身高、相貌、说话口音、年龄、衣着等特征、使用工具、车牌号以及逃逸方向等，为破案提供有用线索
			4. 站经理清点财、物，登记被抢、被盗现金和物品数量，确认后上报合作方和中国石化
		消费逃单	5. 发生跑单营业员不要追赶，留存加注数据、车辆信息等上报处理
7	治安事件	恐怖袭击	1. 遇到恐怖袭击或发现可疑物品时，立即停止作业，切断电源
			2. 保持镇定，立即向站经理或领班报告，告知同事
			3. 避开恐怖分子，拨打“110”报警，并向合作方和中国石化报告
			4. 疏导站内人员，组织无法疏散的客户及营业员进入安全位置躲避袭击
			5. 控制现场。不要试图打开可疑物品，安抚袭击人员情绪，劝说其离去，不与恐怖分子正面对抗和使用过激言语，维持稳定
			6. 在确保安全的情况下，稳定对方情绪，做好解释工作，防止矛盾激化，防止事态扩大
			7. 袭击无法控制时，重点做好自我保护，在确保安全情况下，组织人员撤离

续表

序号	事件类型	事件情景	现场处置措施
8	自然灾害	地　震； 台　风； 洪汛（暴雨）； 暴　雪	1. 注意接收上级灾害预警信息
			2. 自然灾害抢险应以“先救人、后救物品；先抢救贵重物品，后抢救一般物品”为原则，首先确保人身安全
			3. 按照预警级别，做好人员值班安排，站经理应留站值班
			4. 灾害来临时立即停止加油作业，切断电源。停止卸油作业，关闭卸油和油气回收阀门。关闭油罐区阀门。保持镇定，站经理组织疏散站内无关人员，组织车辆有序撤离，站内人员在紧急避险区等安全地带避险
			5. 灾害警报解除后，要对房屋、设备设施等进行检查。组织力量进行抢修和重建工作，尽快恢复生产
			6. 大风预警做好防风准备，检查有关设备和物件的稳固情况，将户外一切未固定、易于移动的物品固定或者收起；停止一切油站操作和工地施工
			7. 洪水、泥石流来临前应关闭电源，密封油罐、量油口，封堵下水道。携带票据、现金、贵重商品听从政府指挥转移至安全地点；如果突发洪水，首先在确保人员安全情况下尽量转移重要物品，在时间允许的前提下对油罐内的油品进行转移，并将油罐注水密封防止油罐漂浮，如不能及时转移油罐油品，要加固计量口、密封卸油口，并将计量井内填满沙袋，杜绝发生环境污染事故，站内人员要逃离到安全的地方，并尽量保持与外界联系
			8. 雷暴雨预警做好油罐区的防水：包括检查人孔井、卸油孔、量油孔。注意房屋漏雨，注意电路、电器的防水

附件 12

加能站主要岗位常用个体防护装备配备标准

序号	工种	头部防护		眼面防护	呼吸防护	听力防护	手部防护	足部防护		躯干防护						
		安全帽	工作帽	护目镜（屏）	防毒 / 防尘面具	耳塞	防护手套	安全鞋	防水鞋	防静电防护服夏装	防静电防护服春秋装	防静电防护服冬装	具有防静电性能的阻燃服夏装	具有防静电性能的阻燃服春秋装	具有防静电性能的阻燃服冬装	雨衣
		月 / 顶	月 / 顶	月 / 副	月 / 个	月 / 副	月 / 副	月 / 双	月 / 双	月 / 套	月 / 套	月 / 套	月 / 套	月 / 套	月 / 套	月 / 件
1	营业员				按需		按需	12	按需	6	12	24				n
2	加油站计量员		n	按需			按需	12	按需	6	12	24				n
3	CNG 加气员	n	n		按需		按需	12	按需	6	12	24	按需	按需	按需	n
4	LNG 加气员	n	n	n	按需		按需	12	按需	6	12	24	按需	按需	按需	n
5	CNG、LNG 站站长	n	n	n	按需		按需	12	按需	6	12	24	按需	按需	按需	
6	LNG 设备管理人员、操作工	n	n	n	按需		按需	12	按需	6	12	24	12	24	36	n
7	CNG 站设备管理人员、操作工	n	n	按需	按需		按需	12	按需	6	12	24	12	24	36	n
8	直接现场管理人员	n						12		6	12	24				

说明：1.“n”表示按岗位人员的人数进行配发的防护用品，周期为产品说明书标注的使用期限。2. 空气呼吸器、安全带等根据需要配置到班组。3. 安全帽指具有基本防护性能，或是具有防静电、阻燃、侧向刚性、防寒、耐熔融金属飞溅、耐低温等特殊防护性能，根据防护需要选择配备具有相应防护性能的安全帽。安全鞋是指具有足趾保护、防刺穿、防静电、绝缘、隔热、防寒等单一或多种防护功能的低帮、高帮、半筒、高筒等式样的足部防护鞋，根据防护需要选择具有相应防护性能、式样的安全鞋。当可能接触 LNG 时，使用耐低温防护用品，如防冻围裙等。LNG 站、CNG 站人员夏季防静电服为长袖。

附件 13

劳动保护用品使用方法

防护部位	防护用品	使用方法
头部	安全帽	安全帽进行外观检查，帽壳是否有裂纹、凹痕、深度划伤、被溶剂软化，帽衬是否有破裂、破损等
		帽箍松紧功能良好，固定牢固。帽衬与帽壳不能紧贴，应调整好松紧大小，以帽子不能在头部自由活动、自身又未感觉不适为宜。必须拴紧下颚带。应戴正，系紧帽带，帽箍的大小应根据佩戴人的头型调整箍紧；女生佩戴安全帽应将头发放进帽衬
听力	耳塞	根据法律规定：噪声强度 80～85dB（A）的场所，可佩戴耳塞或耳罩；噪声强度 85dB（A）以上的场所，应佩戴耳塞或耳罩；噪声强度大于 95dB（A）的场所，宜同时佩戴耳塞和耳罩；噪声强度过大时，可选择佩戴防噪声头盔
		耳塞戴好后，轻轻地往外拉耳塞，听力耳塞不应该轻易移动，如果耳塞被轻易拉出，请重新按正确方法佩戴耳塞，耳塞的 1/4 部分应在耳道外。当您戴好耳塞，请大声说话，您的声音听起来有些空洞，您周围的噪声将变小
足部	保护鞋	足部防护鞋的选择应符合 GB/T 28409、GB 21148 等的要求。进入易燃易爆场所的作业人员应选择带有防静电功能的安全鞋；工程施工、检维修、机加工等作业人员应选择具有保护足趾和防刺穿等功能的安全鞋；钻井、井下等作业人员宜选择具有保护足趾、防刺穿、耐油、耐酸碱腐蚀、防滑、防水等功能的安全鞋；酸碱作业人员应选择耐酸碱腐蚀鞋；焊接作业人员应选择焊接防护鞋；带电作业人员应选择电绝缘鞋；涉水作业人员应选择防水鞋
		保护鞋禁止带钉子的、高跟鞋等。操作配电柜的时候要穿绝缘电工鞋
身体	工作服	进入易燃易爆场所的作业人员应选择具有防静电性能的阻燃服。具有防静电性能的阻燃服应符合 GB 12014、GB 8965.1 要求。作业过程中应配备具有防静电性能的阻燃服的作业人员，包括但不限于：液态烃装卸人员，涉及易燃易爆物品的受限空间作业人员，直接接触易燃易爆物品的操作处置人员和检维修人员，参与涉及易燃易爆物品的应急处置人员，天然气液化和压缩生产（装卸）人员，存在明火（散发火花）、环境复杂、光照不足、需要定位等场所作业人员、监护人员及指挥人员应同时配备具有明显辨识功能的可视型背心。
		帽子扣戴端正，衣裤拉链到位，纽扣锁住，皮带束紧，袖口、裤腿不卷起
手部	手套	手套的选择应符合 GB/T 29512 等的要求。根据作业中实际需要的防割、磨、烧、烫、冻、电击、静电、腐蚀等防护要求，选择不同防护性能的手套

续表

防护部位	防护用品	使用方法
手部	手套	在计量，清理加油机、发电机等设备、设施的时候要戴纯棉手套
		在操作发配电柜的时候要使用专业绝缘手套
		操作二氧化碳灭火器的时候，必须戴厚棉防冻手套
		在低温环境作业时，作业人员应穿戴好防冻服和防冻手套，必要时应佩戴面罩或头罩及防塞耳塞。人体未受保护部分不得接触未经隔离装有 LNG 的管道和容器。当皮肤接触 LNG 时，应迅速浸入大量温水中（水温在 40~42℃），禁止使用热水
登高防护	安全带	坠落防护装备的选择应符合 GB/T 23468、GB 6095 等的要求。安全带应选择全身式系带安全带；安全绳（含未打开的缓冲器）不应超过 2m，如果需要使用 2m 以上的安全绳应采用自锁器或速差式防坠器，有两根安全绳的安全带，单根绳的有效长度不应大于 1.2m。围杆作业安全带宜与坠落悬挂安全带配合使用。水平生命线装置应确保与个人坠落防护装备配套，且正确相连后不应意外脱开
		加能站营业员（包括外来施工人员）在高度高于 2m 以上的地方作业的时候，必须佩戴安全带，防止坠落，并同时佩戴安全帽